CODE DE COMMERCE

BESANÇON. — IMP. OUTHENIN-CHALANDRE FILS ET Cⁱᵉ⁄

CODE

DE COMMERCE

SUIVI

DES LOIS SUR LES CHÈQUES, LES SOCIÉTÉS ET LES FAILLITES

ET PRÉCÉDÉ DE DEUX TABLES

L'une Alphabétique des Matières et l'autre des Titres du Code de Commerce

COLLATIONNÉ SUR LES TEXTES OFFICIELS

PAR

PAUL ROY

OFFICIER D'ACADÉMIE

Directeur du *Supplément à tous les Codes* et du *Bulletin-Commentaire des Lois nouvelles*

———— ✦✦✦ ————

PARIS

PAUL ROY, Libraire-Éditeur

97, Boulevard Saint-Michel, 97

—

1897

TABLE ALPHABÉTIQUE DES MATIÈRES

DU CODE DE COMMERCE

TABLE DES TITRES

DU CODE DE COMMERCE

CODE DE COMMERCE

LIVRE PREMIER

DU COMMERCE EN GÉNÉRAL

TITRE PREMIER

Des commerçants

Art. 1er. Sont commerçants ceux qui exercent des actes de commerce, et en font leur profession habituelle. — Co. 2 et s., 85, 632 et s., 638.

2. Tout mineur émancipé de l'un et de l'autre sexe, âgé de 18 ans accomplis, qui voudra profiter de la faculté que lui accorde l'article 487 du Code civil, de faire le commerce, ne pourra en commencer les opérations, ni être réputé majeur, quant aux engagements par lui contractés pour faits de commerce : — 1° s'il n'a été préalablement autorisé par son père, ou par sa mère, en cas de décès, interdiction ou absence du père, ou, à défaut du père et de la mère, par une délibération du conseil de famille, homologuée par le tribunal civil ; — 2° si, en outre, l'acte d'autorisation n'a été enregistré et affiché au tribunal de commerce du lieu où le mineur veut établir son domicile. — Co. 6, 63, 114. — C. 102, 141, 372, 407 et s., 476 et s. 485 et s., 1125, 1308. — Pr. 885 et s.

3. La disposition de l'article précédent est applicable aux mineurs même non commerçants, à l'égard de tous les faits qui sont déclarés faits de commerce par les dispositions des articles 632 et 633. — Co. 114.

4. La femme ne peut être marchande publique sans le consentement de son mari. — Co. 5, 7, 67 et s., 113. — C. 311, 1125.

5. La femme, si elle est marchande publique, peut, sans l'autorisation de son mari, s'obliger pour ce qui concerne son négoce ; et, audit cas, elle oblige aussi son mari, s'il y a communauté entre eux. — Elle n'est pas réputée marchande publique, si elle ne fait que détailler les marchandises du commerce de son mari ; elle n'est réputée telle que lorsqu'elle fait un commerce séparé. — Co. 7, 65 et s. — C. 215, 220, 1401, 1421, 1426, 1530 et s., 1536, 1576, 2066.

6. Les mineurs marchands, autorisés comme il est dit ci-dessus, peuvent engager ou hypothéquer leurs immeubles. — Ils peuvent même les aliéner, mais en suivant les formalités prescrites par les articles 457 et suivants du Code civil. — Co. 2, 114. — C. 457, 466, 484, 487, 1125, 1308, 2085, 2126.

7. Les femmes marchandes publiques peuvent également engager, hypothéquer et aliéner leurs immeubles. — Toutefois leurs biens stipulés dotaux, quand elles sont mariées sous le régime dotal, ne peuvent être hypothéqués ni aliénés que dans les cas déterminés et avec les formes réglées par le Code civil. — Co. 4, 67 et s., 561. — C. 217, 223, 311, 1426, 1538, 1554, 2124, 2126.

TITRE II

Des livres de commerce

8. Tout commerçant est tenu d'avoir un livre-journal qui *présente*, jour par jour, ses dettes actives et passives, les opérations de son commerce, ses négociations, acceptations ou endossements d'effets, et généralement tout ce qu'il reçoit et paie, à quelque titre que ce soit ; et qui *énonce*, mois par mois, les sommes employées à la dépense de sa maison : le tout indépendamment des autres livres usités dans le commerce, mais qui ne sont pas indispensables. — Il est tenu de mettre en liasse les lettres missives qu'il reçoit, et de copier sur un registre celles qu'il envoie. — Co. 9 et s., 84, 96, 102, 109, 224, 586, 591. — C. 1329, 1330, 1785.

9. Il est tenu de faire, tous les ans, sous seing privé, un inventaire de ses effets mobiliers et immobiliers, et de ses dettes actives et passives, et de le copier, année par année, sur un registre spécial à ce destiné. Co. 10 et s., 586-6°, 591.

10. Le livre-journal et le livre des inventaires seront paraphés et visés une fois par année. — Le livre de copies de lettres ne sera pas soumis à cette formalité. — Tous seront tenus par ordre de dates, sans blancs, lacunes ni transports en marge. — Co. 8 et s.

11. Les livres dont la tenue est ordonnée par les articles 8 et 9 ci-dessus seront cotés, paraphés et visés soit par un des juges des tribunaux de commerce, soit par le maire ou un adjoint, dans la forme ordinaire et sans frais. Les commerçants sont tenus de conserver ces livres pendant dix ans. — Co. 10, 84.

12. Les livres de commerce, régulièrement tenus, peuvent être admis par le juge pour faire preuve entre commerçants pour faits de commerce.— Co. 1, 8, 13 et s., 109, 632 et s. — C. 1329.

13. Les livres que les individus faisant le commerce sont obligés de tenir, et pour lesquels ils n'auront pas observé les formalités ci-dessus prescrites, ne pourront être représentés ni faire foi en justice, au profit de ceux qui les auront tenus; sans préjudice de ce qui sera réglé au livre *des Faillites et banqueroutes.* — Co. 8, 9, 17, 591 et s., 586 et s. — C. 1329, 1331.

14. La communication des livres et inventaires ne peut être donnée en justice que dans les affaires de succession, communauté, partage de société, et en cas de faillite. — Co. 18 et s., 51 et s., 471 et s. — C. 815, 1476, 1686, 1872.

15. Dans le cours d'une contestation, la représentation des livres peut être ordonnée par le juge, même d'office, à l'effet d'en extraire ce qui concerne le différend. — Co. 12, 17 et s., 109, 496.

16. En cas que les livres dont la représentation est offerte, requise ou ordonnée, soient dans des lieux éloignés du tribunal saisi de l'affaire, les juges peuvent adresser une commission rogatoire au tribunal de commerce du lieu, ou déléguer un juge de paix pour en prendre connaissance, dresser un procès-verbal du contenu, et l'envoyer au tribunal saisi de l'affaire. — Co. 15, 629. — Pr. 1035.

17. Si la partie aux livres de laquelle on offre d'ajouter foi refuse de les représenter, le juge peut déférer le serment à l'autre partie. — Co. 11, 12 et s.— C. 1366 et s. — Pr. 120, 121. — P. 366.

TITRE III
Des sociétés (1)

SECTION PREMIÈRE
DES DIVERSES SOCIÉTÉS ET DE LEURS RÈGLES

18. Le contrat de société se règle par le droit civil, par les lois particulières au commerce, et par les conventions des parties.— Co. 14, 19 et s., 51, 63.— C. 1107, 1134, 1308, 1341, 1873.

19. La loi reconnaît trois espèces de sociétés commerciales : — La société en nom collectif,— La société en commandite, — La société anonyme (2).

20. La *société en nom collectif* est celle que contractent deux personnes ou un plus grand nombre et qui a pour objet de faire le commerce sous une raison sociale. — Co. 24, 39, 41 et s.

21. Les noms des associés peuvent seuls faire partie de la raison sociale. Co. 25, 46. — C. 1868.

22. Les associés en nom collectif indiqués dans l'acte de société sont solidaires pour tous les engagements de la société, encore qu'un seul des associés ait signé, pourvu que ce soit sous la raison sociale. — Co. 26, 33, 39 et s., 46. — C. 1200 et s., 1862.

23. La *société en commandite* se contracte entre un ou plusieurs associés responsables et solidaires, et un ou plusieurs associés, simples bailleurs de fonds que l'on nomme *commanditaires* ou *associés en commandite.* — Elle est régie sous un nom social, qui doit être

(1) V. L. 24 juillet 1867 et L. 1er août 1893.
(2) Sociétés à capital variable. V. L. 24 juillet 1867, tit. III, art. 48 et s.

nécessairement celui d'un ou plusieurs des associés responsables et solidaires (3).— Co. 20 et s., 24 et s., 38 et s., 41 et s., 75. — C. 1200 et s.

24. Lorsqu'il y a plusieurs associés solidaires et en nom, soit que tous gèrent ensemble, soit qu'un ou plusieurs gèrent pour tous, la société est, à la fois, société en nom collectif à leur égard, et société en commandite à l'égard des simples bailleurs de fonds. — Co. 20 et s.

25. Le nom d'un associé commanditaire ne peut faire partie de la raison sociale. — Co. 2, 23, 26-28.

26. L'associé commanditaire n'est passible des pertes que jusqu'à concurrence des fonds qu'il a mis ou dû mettre dans la société. — Co. 22, 27, 28, 33, 64. — C. 1662.

27. (*Ainsi modifié, L. 6 mai 1863.*) L'associé commanditaire ne peut faire aucun acte de gestion, même en vertu de procuration. — Co. 23, 25, 26.

28. (*Ainsi modifié, L. 6 mai 1863.*) En cas de contravention à la prohibition mentionnée dans l'article précédent, l'associé commanditaire est obligé, solidairement avec les associés en nom collectif, pour les dettes et engagements de la société qui dérivent des actes de gestion qu'il a faits, et il peut, suivant le nombre ou la gravité de ces actes, être déclaré solidairement obligé pour tous les engagements de la société ou pour quelques-uns seulement. — Les avis et conseils, les actes de contrôle et de surveillance, n'engagent point l'associé commanditaire. — Co. 23 et s. — C. 1200.

29. La *société anonyme* n'existe point sous un nom social : elle n'est désignée par le nom d'aucun des associés. — Co. 30, 37, 40, 45 (4).

30. Elle est qualifiée par la désignation de l'objet de son entreprise.

31. (*Abrogé, L. 24 juillet 1867, art. 47 et 22.*)

32. Les administrateurs ne sont responsables que de l'exécution du mandat qu'ils ont reçu. — Ils ne contractent, à raison de leur gestion, aucune obligation personnelle ni solidaire relativement aux engagements de la société. — C. 1991 et s.

33. Les associés ne sont passibles que de la perte du montant de leur intérêt dans la société. — Co. 26.

34. Le capital de la société anonyme se divise en actions et même en coupons d'actions d'une valeur égale. — Co. 35 et s.

35 L'action peut être établie sous la forme d'un titre au porteur.— Dans ce cas, la cession s'opère par la tradition du titre. — C. 1607, 1689 et s.

36. La propriété des actions peut être établie par une inscription sur les registres de la société.— Dans ce cas, la cession s'opère par une déclaration de transfert inscrite sur les registres et signée de celui qui fait le transport ou d'un fondé de pouvoir. — C. 1689 et s.

37. (*Abrogé, L. 24 juillet 1867, art 47.*)

38. Le capital des sociétés en commandite pourra être aussi divisé en actions, sans aucune dérogation aux règles établies pour ce genre de société. — Co. 23 et s., 34 et s (5).

39. Les sociétés en nom collectif ou en commandite doivent être constatées par des actes publics ou sous signature privée, en se conformant, dans ce dernier cas, à l'article 1325 du Code civil.— Co. 20, 23, 41 et s., 49. — C. 1317 et s., 1322 et s., 1341.

(3) L. 24 juillet 1867, tit. I, art. 1-20.
(4) L. 24 juillet 1867, art. 21 et s.
(5) Pour les commandites par actions et les sociétés anonymes, V. L. 24 juillet 1867, art. 1 et s. 13, 14, 21 ; L. 1er août 1893.

40. (*Abrogé, L. 24 juillet 1867, art. 47.*)

41. Aucune preuve par témoins ne peut être admise contre et outre le contenu dans les actes de sociétés, ni sur ce qui serait allégué avoir été dit avant l'acte ou depuis, encore qu'il s'agisse d'une somme au-dessous de cent cinquante francs. — Co. 39, 40. — C. 1341, 1866.

42. (*Abrogé, L. 24 juillet 1867, art. 65, 56, 59.*)

43. (*Abrogé, L. 24 juillet 1867, art. 65, 57, 58.*)

44. (*Abrogé, L. 24 juillet 1867, art. 65, 60.*)

45. (*Abrogé, L. 24 juillet 1867, art. 65 et 21.*)

46. (*Abrogé, L. 24 juillet 1867, art. 65, 61.*)

47. Indépendamment des trois espèces de sociétés ci-dessus, la loi reconnaît les *associations commerciales en participation.* — Co. 19 et s., 48 et s.

48. Ces associations sont relatives à une ou plusieurs *opérations de commerce;* elles ont lieu pour les objets, dans les formes, avec les proportions d'intérêt et aux conditions convenues entre les participants. — C. 1134.

49. Les associations en participation peuvent être constatées par la représentation des livres, de la correspondance, ou par la preuve testimoniale si le tribunal juge qu'elle peut être admise. — Co. 8, 15, 17, 109. — C. 1341, 1353.

50. Les associations commerciales en participation ne sont pas sujettes aux formalités prescrites pour les autres sociétés. — Co. 39 et s.

SECTION II

DES CONTESTATIONS ENTRE ASSOCIÉS ET DE LA MANIÈRE DE LES DÉCIDER

51 à **63.** (*Abrogés, Loi du 16 juillet 1846.*)

64. Toutes les actions contre les associés non liquidateurs et leurs veuves, héritiers ou ayants cause, sont prescrites cinq ans après la fin ou la dissolution de la société, si l'acte de société qui en énonce la durée, ou l'acte de dissolution a été affiché et enregistré conformément aux articles 42, 43, 44 et 46, et si, depuis cette formalité remplie, la prescription n'a été interrompue à leur égard par aucune poursuite judiciaire. — C. 2219, 2244 et s., 2264. — Pr. 805.

TITRE IV

Des Séparations de biens

65. Toute demande en séparation de biens sera poursuivie, instruite et jugée conformément à ce qui est prescrit au Code civil, livre III, titre V, chapitre II, section III, et au Code de procédure civile, deuxième partie, livre I, titre VIII. — C. 1443 et s. — Pr. 865 et s.

66. Tout jugement qui prononcera une séparation de corps ou un divorce (1) entre mari et femme, dont l'un serait commerçant, sera soumis aux formalités prescrites par l'article 372 du Code de procédure civile; à défaut de quoi, les créanciers seront toujours admis à s'y opposer pour ce qui touche leurs intérêts, et à contredire toute liquidation qui en aurait été la suite. — C. 311, 1145 et s., 1167, 1445-1447. — Pr. 871 et s.

(1) Le divorce est rétabli. V. L. 27 juillet 1884.

67. Tout contrat de mariage entre époux dont l'un sera commerçant sera transmis par extrait, dans le mois de sa date, aux greffes et chambres désignés par l'article 872 du Code de procédure civile, pour être exposé au tableau, conformément au même article. — Cet extrait annoncera si les époux sont mariés en communauté, s'ils sont séparés de biens, ou s'ils ont contracté sous le régime dotal. — Co. 1. — C. 1391, 1392, 1399 et s., 1350 et s., 1536 et s., 1540 et s.

68. Le notaire qui aura reçu le contrat de mariage sera tenu de faire la remise ordonnée par l'article précédent, sous peine de cent francs d'amende (2), et même de destitution et de responsabilité envers les créanciers, s'il est prouvé que l'omission soit la suite d'une collusion. — C. 1149, 1382, 1394, 2102-7°. — Pr. 126 et s.

69. (*L. 28 mai 1838.*) L'époux séparé de biens, ou marié sous le régime dotal, qui embrasserait la profession de commerçant postérieurement à son mariage, sera tenu de faire pareille remise dans le mois du jour où il aura ouvert son commerce; à défaut de cette remise, il pourra être, en cas de faillite, condamné comme banqueroutier simple. — Co. 4, 5, 7, 67, 437, 586-3°. — C. 1536 et s., 1540 et s. — P. 402.

70. La même remise sera faite, sous les mêmes peines, dans l'année de la publication de la présente loi, par tout époux séparé de biens, ou marié sous le régime dotal, qui, au moment de ladite publication, exercerait la profession de commerçant. — Co. 1, 67. — Pr. 872 s.

TITRE V

Des bourses du commerce, agents de change et courtiers (3)

SECTION PREMIÈRE

DES BOURSES DE COMMERCE

71. La bourse de commerce est la réunion qui a lieu, sous l'autorité du Président de la République, des commerçants, capitaines de navire, agents de change et courtiers. — Co. 1, 613.

72. Le résultat des négociations et des transactions qui s'opèrent dans la bourse détermine le cours du change, des marchandises, des assurances, du fret ou nolis, du prix des transports par terre ou par eau, des effets publics et autres dont le cours est susceptible d'être coté. — Co. 73 et s. — P. 419.

73. Ces divers cours sont constatés par les agents de change et courtiers, dans la forme prescrite par les règlements de police généraux ou particuliers. — Co. 76 et s.

(2) Actuellement, 20 francs. L. 16 juin 1820, art. 10.
(3) V. L. 28 vendémiaire an IV *sur la police de la Bourse.* — Arrêté du 2 ventôse an IV du Directoire exécutif *portant règlement concernant la Bourse.* — Loi du 28 ventôse an IX, *relative à l'établissement des Bourses de commerce.* — Arrêté du 27 prairial an X *concernant les Bourses de commerce.* — Loi 28 mars 1885 *sur les marchés à terme.* — D. 7 octobre 1890 *portant règlement d'administration publique pour l'exécution de l'art. 90 du Code de commerce et de la loi du 28 mars 1885.*

SECTION II

DES AGENTS DE CHANGE ET COURTIERS

74. (*L. 2 juillet 1862.*) La loi reconnaît, pour les actes de commerce, des agents intermédiaires, savoir : les agents de change et les courtiers. — Il y en a dans toutes les villes qui ont une bourse de commerce. — Ils sont nommés par le Président de la République. — Co. 71, 81, 83, 85, 632. — Pr. 404.

75. (*L. 2 juillet 1862.*) Les agents de change près des bourses pourvues d'un parquet pourront s'adjoindre des bailleurs de fonds intéressés, participant aux bénéfices et aux pertes résultant de l'exploitation de l'office et de la liquidation de sa valeur. Ces bailleurs de fonds ne seront passibles des pertes que jusqu'à concurrence des capitaux qu'ils auront engagés. — Le titulaire de l'office doit toujours être propriétaire en son nom personnel du quart au moins de la somme représentant le prix de l'office et le montant du cautionnement. — L'extrait de l'acte et les modifications qui pourront intervenir seront publiés, à peine de nullité à l'égard des intéressés, sans que ceux-ci puissent opposer aux tiers le défaut de publication. — Co. 23 et s.

76. Les agents de change, constitués de la manière prescrite par la loi, ont seuls le droit de faire des négociations des effets publics et autres susceptibles d'être cotés, de faire pour le compte d'autrui les négociations des lettres de change ou billets, et de tous papiers commerçables, et d'en constater le cours. — Les agents de change pourront faire, concurremment avec les courtiers de marchandises, les négociations et le courtage des ventes ou achats des matières métalliques. Ils ont seuls le droit d'en constater le cours (1). — Co. 73, 78, 83 et s., 109, 181, 186.

77. Il y a des courtiers de marchandises, — Des courtiers d'assurances, — Des courtiers interprètes et conducteurs de navires, — Des courtiers de transport par terre et par eau. — Co. 73, 85 et s.

78. Les courtiers de marchandises, constitués de la manière prescrite par la loi, ont seuls le droit de faire le courtage des marchandises, d'en constater le cours ; ils exercent, concurremment avec les agents de change, le courtage des matières métalliques. — Co. 73, 76, 85 et s., 109 (2).

79. Les courtiers d'assurances rédigent les contrats ou polices d'assurances, concurremment avec les notaires ; ils en attestent la vérité par leur signature, certifient le taux des primes pour tous les voyages de mer ou de rivière. — Co. 72 et s., 84 et s., 332 et s.

80. Les courtiers interprètes et conducteurs de navires font le courtage des affrètements ; ils ont, en outre, seuls le droit de traduire, en cas de contestations portées devant les tribunaux, les déclarations, chartes-parties, connaissements, contrats, et tous actes de commerce dont la traduction serait nécessaire ; enfin, de constater le cours du fret ou du nolis. — Dans les affaires contentieuses de commerce, et pour le service des douanes, ils serviront seuls de truchements à tous étrangers, maîtres de navire, marchands, équipages de vaisseau et autres personnes de mer. — Co. 81, 85 et s., 190, 273 et s.

81. Le même individu peut, si l'acte du gouvernement qui l'institue l'y autorise, cumuler les fonctions d'agent de change, de courtier de marchandises ou d'assurances, et de courtier interprète et conducteur de navires. — Co. 76 et s.

82. Les courtiers de transport par terre et par eau, constitués selon la loi, ont seuls, dans les lieux où ils sont établis, le droit de faire le courtage des transports par terre et par eau ; ils ne peuvent cumuler, dans aucun cas et sous aucun prétexte, les fonctions de courtiers de marchandises, d'assurances, ou de courtiers conducteurs de navires, désignées aux articles 78, 79 et 80. — Co. 96 et s.

83. Ceux qui ont fait faillite ne peuvent être agents de change ni courtiers, s'ils n'ont été réhabilités. — Co. 64 et s., 89, 437, 604 et s.

84. Les agents de change et courtiers sont tenus d'avoir un livre revêtu des formes prescrites par l'article 11. — Ils sont tenus de consigner dans ce livre, jour par jour, et par ordre de dates, sans ratures, interlignes ni transpositions, et sans abréviations ni chiffres, toutes les conditions des ventes, achats, assurances, négociations, et en général de toutes les opérations faites par leur ministère (3).

85. Un agent de change ou courtier ne peut, dans aucun cas et sous aucun prétexte, faire des opérations de commerce ou de banque pour son compte. — Il ne peut s'intéresser directement ni indirectement, sous son nom, ou sous un nom interposé, dans aucune entreprise commerciale. — (*Abrogé, L. 28 mars 1885.*) *Il ne peut recevoir ni payer pour le compte de ses commettants* (4). — Co. 74, 78 et s., 87.

86. (*Abrogé, L. 28 mars 1885.*) — Co. 85.

87. Toute contravention aux dispositions énoncées dans les deux articles précédents entraîne la peine de destitution, et une condamnation d'amende, qui sera prononcée par le tribunal de police correctionnelle, et qui ne peut être au-dessus de trois mille francs, sans préjudice de l'action des parties en dommages et intérêts. — Co. 88. — C. 1149, 1382. — Pr. 126 et s., 128.

88. Tout agent de change ou courtier destitué en vertu de l'article précédent ne peut être réintégré dans ses fonctions.

89. En cas de faillite, tout agent de change ou courtier est poursuivi comme banqueroutier. — Co. 83, 85, 437, 584 et s. — P. 404 et s.

90. (*Ainsi modifié, L. 2 juillet 1862.*) Il sera pourvu par des règlements d'administration publique à ce qui est relatif : 1° Aux taux des cautionnements, sans que le maximum puisse dépasser deux cent cinquante mille francs ; 2° à la négociation et à la transmission de la propriété des effets publics et généralement à l'exécution des dispositions contenues au présent titre (5). — P. 419 et s.

---

(3) V. D. 1er octobre 1862 ; LL. 18 juillet 1866, 15 juin 1872, art. 13 ; L. 28 mars 1885.

(4) Le dernier alinéa de l'art. 85 et l'art. 86 sont abrogés par la loi du 28 mars 1885, art. 3. L. 18 juillet 1866, art. 1, 6, 7.

(5) V. L. 28 mars 1885, art. 5 ; D. 7 octobre 1890.

---

(1) *Agents de change.* V. LL. 8 mai 1791, 28 ventôse an IX, 27 prairial an X ; D. 13 octobre 1859 ; L. 2 juillet 1862 ; L. 18 juillet 1866 ; D. 5 janvier 1867 ; L. 5 juin 1872, art. 11 et s. ; L. 28 mars 1885 ; D. 7 octobre 1890.

(2) L. 18 juillet 1866, art. 1.

TITRE VI

Du gage et des commissionnaires

SECTION PREMIÈRE

DU GAGE (1)

91. Le gage constitué soit par un commerçant, soit par un individu non commerçant, pour un acte de commerce, se constate, à l'égard des tiers comme à l'égard des parties contractantes, conformément aux dispositions de l'article 109 du Code de commerce. — Le gage, à l'égard des valeurs négociables, peut être aussi établi par un endossement régulier, indiquant que les valeurs ont été remises en garantie. — A l'égard des actions, des parts d'intérêt et des obligations nominatives des sociétés financières, industrielles, commerciales ou civiles, dont la transmission s'opère par un transfert sur les registres de la société, le gage peut également être établi par un transfert à titre de garantie inscrit sur lesdits registres — Il n'est pas dérogé aux dispositions de l'article 2075 du Code civil en ce qui concerne les créances mobilières, dont le cessionnaire ne peut être saisi à l'égard des tiers que par la signification du transport faite au débiteur. — Les effets de commerce donnés en gage sont recouvrables par le créancier gagiste (2). — Co. 92, 93. — C. 2073 et s., 2102, 2084.

92. Dans tous les cas, le privilège ne subsiste sur le gage qu'autant que ce gage a été mis et est resté en la possession du créancier ou d'un tiers convenu entre les parties. — Le créancier est réputé avoir les marchandises en sa possession, lorsqu'elles sont à sa disposition dans ses magasins ou navires, à la douane ou dans un dépôt public, ou si, avant qu'elles soient arrivées, il en est saisi par un connaissement ou par une lettre de voiture. — Co. 95, 576 et s. — C. 1606 et s., 1690, 2076, 2102.

93. A défaut de paiement à l'échéance, le créancier peut, huit jours après une simple signification faite au débiteur et au tiers bailleur de gage, s'il y en a un, faire procéder à la vente publique des objets donnés en gage. — Les ventes autres que celles dont les agents de change peuvent seuls être chargés sont faites par le ministère des courtiers. Toutefois, sur la requête des parties, le président du tribunal de commerce peut désigner, pour y procéder, une autre classe d'officiers publics. Dans ce cas, l'officier public, quel qu'il soit, chargé de la vente, est soumis aux dispositions qui régissent les courtiers, relativement aux formes, aux tarifs et à la responsabilité. — Les dispositions des articles 2 à 7 inclusivement de la loi du 28 mai 1858, sur les ventes publiques, sont applicables aux ventes prévues par le paragraphe précédent. — Toute clause qui autoriserait le créancier à s'approprier le gage ou à en disposer sans les formalités ci-dessus prescrites est nulle. — Co. 2218 et s. (3).

SECTION II

DES COMMISSIONNAIRES EN GÉNÉRAL

94. Le commissionnaire est celui qui agit en son propre nom ou sous un nom social pour le compte d'un commettant. Les devoirs et les droits du commissionnaire qui agit au nom d'un commettant sont déterminés par le Code civil, livre III, titre XIII. — Co. 332, 576. — C. 1119, 1251-3°, 1372, 1984, 1992, 2010.

95. Tout commissionnaire a privilège sur la valeur des marchandises à lui expédiées, déposées ou consignées, par le fait seul de l'expédition, du dépôt ou de la consignation, pour tous les prêts, avances ou paiements faits par lui, soit avant la réception des marchandises, soit pendant le temps qu'elles sont en sa possession. — Ce privilège ne subsiste que sous la condition prescrite par l'art. 92 qui précède. — Dans la créance privilégiée du commissionnaire, sont compris, avec le principal, les intérêts, commission et frais. — Si les marchandises ont été vendues et livrées pour le compte du commettant, le commissionnaire se rembourse, sur le produit de la vente, du montant de sa créance, par préférence aux créanciers du commettant. — Co. 92, 109, 576. — C. 1947 et s., 2095, 2102.

SECTION III

DES COMMISSIONNAIRES POUR LES TRANSPORTS PAR TERRE ET PAR EAU

96. Le commissionnaire qui se charge d'un transport par terre ou par eau est tenu d'inscrire sur son livre-journal la déclaration de la nature et de la quantité des marchandises, et, s'il en est requis, de leur valeur. — Co. 8, 85, 91 et s. — C. 1785. — P. 364-4°, 386 et s.

97. Il est garant de l'arrivée des marchandises et effets dans le délai déterminé par la lettre de voiture, hors les cas de la force majeure légalement constatée. — Co. 99, 101-104, 108. — C. 1302, 1315, 1784. — Pr. 386 et s.

98. Il est garant des avaries ou pertes des marchandises et effets, s'il n'y a stipulation contraire dans la lettre de voiture, ou force majeure. — Co. 101 et s., 103, 108. — C. 1137, 1302 et s., 1784, 1994.

99. Il est garant des faits du commissionnaire intermédiaire auquel il adresse les marchandises. — Co. 97 et s., 108. — C. 1384, 1994.

100. La marchandise sortie du magasin du vendeur ou de l'expéditeur voyage, s'il n'y a convention contraire, aux risques et périls de celui à qui elle appartient, sauf son recours contre le commissionnaire et le voiturier chargés du transport. — Co. 97 et s., 108. — C. 1134, 1138, 1585, 1991.

101. La lettre de voiture forme un contrat entre l'expéditeur et le voiturier, ou entre l'expéditeur, le commissionnaire et le voiturier (4). — Co. 105. — C. 1101, 1102, 1184, 1325.

102. La lettre de voiture doit être datée. — Elle doit exprimer : La nature et le poids ou la contenance des objets à transporter : — Le délai dans lequel le transport doit être effectué. — Elle indique : — Le nom et le domicile du commissionnaire par l'entremise duquel le transport s'opère, s'il y en a un, — Le nom de celui à qui la marchandise est adressée, — Le nom et le domicile du voiturier. — Elle énonce : — Le prix de la voiture, — L'indemnité due pour cause de retard. — Elle est signée par l'expéditeur ou le commissionnaire. — Elle présente en marge les marques et numéros des objets à transporter. — La lettre de voiture est copiée par le commissionnaire sur un registre coté et paraphé,

---

(1) V. marchandises déposées dans les magasins généraux. V. L. 28 mai 1858 ; D. 12 mars 1859 ; L. 31 août 1870.
(2) L. 8 septembre 1830 et 28 février 1872, art. 4.
(3) L. 28 mai 1858 ; D. 29 août 1863.

(4) V. LL. 28 février 1872, art. 11, 26 décembre 1889.

sans intervalle et de suite (1). — Co. 8 et s., 96, 101, 224, 231 et s. — C. 1785.

SECTION IV

DU VOITURIER (2)

103. Le voiturier est garant de la perte des objets à transporter, hors les cas de la force majeure. — Il est garant des avaries autres que celles qui proviennent du vice propre de la chose ou de la force majeure. — Co. 98, 108, 632. — C. 1137, 1315, 1782 et s., 2102. — P. 386, 387.

104. Si, par l'effet de la force majeure, le transport n'est pas effectué dans le délai convenu, il n'y a pas lieu à indemnité contre le voiturier pour cause de retard. — Co. 97. — C. 1315.

105. (*L. 11 avril 1888*). — La réception des objets transportés et le paiement du prix de la voiture éteignent toute action contre le voiturier pour avarie ou perte partielle, si dans les trois jours, non compris les jours fériés, qui suivent celui de cette réception et de ce paiement, le destinataire n'a pas notifié au voiturier par acte extrajudiciaire ou par lettre recommandée sa protestation motivée. — Toutes stipulations contraires sont nulles et de nul effet. Cette dernière disposition n'est pas applicable aux transports internationaux. — Co. 101 et s., 108.

106. En cas de refus ou contestation pour la réception des objets transportés, leur état est vérifié et constaté par les experts nommés par le président du tribunal de commerce, ou, à son défaut, par le juge de paix, et par ordonnance au pied d'une requête. — Le dépôt ou séquestre, et ensuite le transport dans un dépôt public, peut en être ordonné. — La vente peut en être ordonnée en faveur du voiturier, jusqu'à concurrence du prix de la voiture. — Co. 93 et s. — C. 1961 et s., 2078, 2102. — Pr. 302 et s., 617 et s., 1031 et s.

107. Les dispositions contenues dans le présent titre sont communes aux maîtres de bateaux, entrepreneurs de diligences et voitures publiques. — Co. 91, 106. — C. 1784 et s.

108. (*L. 11 avril 1888*).— Les actions pour avaries, pertes ou retard, auxquelles peut donner lieu contre le voiturier le contrat de transport, sont prescrites dans le délai d'un an, sans préjudice des cas de fraude ou d'infidélité. — Toutes les autres actions auxquelles ce contrat peut donner lieu, tant contre le voiturier ou le commissionnaire que contre l'expéditeur ou le destinataire, aussi bien que celles qui naissent des dispositions de l'art. 541 du Code de procédure civile, sont prescrites dans le délai de cinq ans. — Le délai de ces prescriptions est compté, dans le cas de perte totale, du jour où la remise de la marchandise aurait dû être effectuée, et, dans tous les autres cas, du jour où la marchandise aura été remise ou offerte au destinataire. Le délai pour intenter chaque action récursoire est d'un mois. Cette prescription ne court que du jour de l'exercice de l'action contre le garanti. — Dans le cas de transports faits pour le compte de l'Etat, la prescription ne commence à courir que du jour de la notification de la décision ministérielle emportant liquidation ou ordonnancement définitif (3). — Co. 97 et s., 103. — C. 2249.

(1) V. Décr. 3 janvier 1809; LL. 11 juin 1842, 30 mars 1872.
(2) Chemins de fer. V. Ord. 15 nov. 1846; LL. 28 février 1872, art. 11, 26 déc. 1889.
(3) V. Décr. 13 août 1810.

TITRE VII

Des achats et ventes (4)

109. Les achats et ventes se constatent : — Par actes publics, — Par actes sous signature privée, — Par le bordereau ou arrêté d'un agent de change ou courtier, dûment signé par les parties, — Par une facture acceptée, — Par la correspondance, — Par les livres des parties, — Par la preuve testimoniale, dans le cas où le tribunal croira devoir l'admettre. — Co. 8 et s., 12, 76 et s., 152, 250, 286, 339, 415, 632, 633. — C. 1317 et s., 1322 et s., 1331, 1341, 1353 et s., 1582 et s. — Pr. 432.

TITRE VIII

Lettre de change, billets à ordre et prescription

SECTION PREMIÈRE

DE LA LETTRE DE CHANGE (5)

§ I. — *De la forme de la lettre de change.*

110. (*L. 7 juin 1894.*) La lettre de change est tirée, soit d'un lieu sur l'autre, soit d'un lieu sur le même lieu. — Elle est datée. — Elle énonce : — La somme à payer, — Le nom de celui qui doit payer, — L'époque et le lieu où le paiement doit s'effectuer. — La valeur fournie en espèces, en marchandises, en compte, ou de toute autre manière. — Elle est à l'ordre d'un tiers, ou à l'ordre du tireur lui-même. — Si elle est par 1re, 2e, 3e, 4e, etc., elle l'exprime. — Co. 111, 112, 113 et s., 123, 129, 135, 137, 139, 147 et s., 446, 542, 585-3°, 636, 637. — C. 1132. — P. 147.

111. Une lettre de change peut être tirée sur un individu et payable au domicile d'un tiers. — Elle peut être tirée par ordre et pour le compte d'un tiers.

112. (*L. 7 juin 1894.*) Sont réputées simples promesses toutes lettres de change contenant supposition soit de nom, soit de qualité. — Co. 636, 637. — P. 147 et s.

113. La signature des femmes et des filles non négociantes ou marchandes publiques sur lettres de change ne vaut, à leur égard, que comme simple promesse.— Co. 1, 4 et s., 637. — C. 217, 220, 1426, 2066.

114. Les lettres de change souscrites par des mineurs non négociants sont nulles à leur égard, sauf les droits respectifs des parties, conformément à l'article 1312 du Code civil.— Co. 1-3, 6, 637. — C. 1308, 1312, 2064.

§ II. — *De la provision.*

115. La provision doit être faite par le tireur, ou

(4) V. L. 13 juin 1866, concernant les usages commerciaux.
(5) V. chèques. LL. 15 juin 1856, 19 février 1874. Sur le timbre et l'enregistrement des effets de commerce, V. LL. 5 juin 1850, 27 juill. 1870, 23 août 1871, art. 2, 20; L. 28 février 1872, art. 10; L. 19 février 1874; D. 18 juin 1874; LL. 22 décembre 1878, 29 juillet 1881, art. 5; D. 25 juin 1890.

par celui pour le compte de qui la lettre de change sera tirée, sans que le *tireur pour compte d'autrui* cesse d'être personnellement obligé *envers les endosseurs et le porteur seulement.* — Co. 111, 116 et s.

116. Il y a provision, si à l'échéance de la lettre de change, celui sur qui elle est fournie est redevable au tireur, ou à celui pour compte de qui elle est tirée, d'une somme au moins égale au montant de la lettre de change. — Co. 117.

117. L'acceptation suppose la provision. — Elle en établit la preuve à l'égard des endosseurs. — Soit qu'il y ait ou non acceptation, le tireur seul est tenu de prouver, en cas de dénégation, que ceux sur qui la lettre était tirée avaient provision à l'échéance : sinon il est tenu de la graantir, quoique le protêt ait été fait après les délais fixés. — Co. 115 et s., 118 et s., 136 et s, 170, 173 et s., 189. — C. 1350, 1352.

§ III. — *De l'acceptation.*

118. Le tireur et les endosseurs d'une lettre de change sont garants solidaires de l'acceptation et du paiement à l'échéance. — Co. 136 et s., 140, 143 et s., 160 et s., 167, 444. — C. 1200, 1251.

119. Le refus d'acceptation est constaté par un acte que l'on nomme *protêt faute d'acceptation.* — Co. 126, 163, 173 et s.

120. Sur la notification du protêt faute d'acceptation, les endosseurs et le tireur sont respectivement tenus de donner caution pour assurer le paiement de la lettre de change à son échéance, ou d'en effectuer le remboursement avec les frais de protêt et de rechange. — La caution, soit du tireur, soit de l'endosseur, n'est solidaire qu'avec celui qu'elle a cautionné. — C. 1200 et s., 2011, 2040. — Pr. 517 et s.

121. Celui qui accepte une lettre de change contracte l'obligation d'en payer le montant. — L'accepteur n'est pas restituable contre son acceptation, quand même le tireur aurait failli à son insu avant qu'il eût accepté. — Co. 118, 140, 148, 449. — C. 1134.

122. L'acceptation d'une lettre de change doit être signée. — L'acceptation est exprimée par le mot *accepté.* — Elle est datée, si la lettre est à un ou plusieurs jours ou mois de vue ; — Et dans ce dernier cas, le défaut de date de l'acceptation rend la lettre exigible au terme y exprimé, à compter de sa date. — Co. 129, 131.

123. L'acceptation d'une lettre de change payable dans un autre lieu que celui de la résidence de l'accepteur, indique le domicile où le paiement doit être effectué ou les diligences faites. — Co. 173. — C. 111.

124. L'acceptation ne peut être conditionnelle, mais elle peut être restreinte quant à la somme acceptée. — Dans ce cas, le porteur est tenu de faire protester la lettre de change pour le surplus. — Co. 122, 156, 173 et s. — C. 1168.

125. Une lettre de change doit être acceptée à sa présentation, ou, au plus tard, dans les vingt-quatre heures de la présentation. — Après les vingt-quatre heures, si elle n'est pas rendue acceptée ou non acceptée, celui qui l'a retenue est passible de dommages-intérêts envers le porteur. — Co. 1149, 1382.

§ IV. — *De l'acceptation par intervention.*

126. Lors du protêt faute d'acceptation, la lettre de change peut être acceptée par un tiers intervenant pour le tireur ou pour l'un des endosseurs. — L'intervention est mentionnée dans l'acte du protêt : elle est signée par l'intervenant. — Co. 119, 158 et s., 173. — G. 1236.

127. L'intervenant est tenu de notifier sans délai son intervention à celui pour qui il est intervenu.

128. Le porteur de la lettre de change conserve tous ses droits contre le tireur et les endosseurs, à raison du défaut d'acceptation par celui sur qui la lettre était tirée, nonobstant toutes acceptations par intervention. — Co. 118, 160 et s.

§ V. — *De l'échéance.*

129. Une lettre de change peut être tirée :

à vue,	
à un ou plusieurs jours	
à un ou plusieurs mois	} de vue
à une ou plusieurs usances	
à un ou plusieurs jours	
à un ou plusieurs mois	} de date
à une ou plusieurs usances	
à jour fixe ou à jour déterminé,	

en foire. — Co. 122, 131 et s., 132, 133, 134 et s.

130. La lettre de change à vue est payable à sa présentation. — Co. 160 et s.

131. L'échéance d'une lettre de change

à un ou plusieurs jours	
à un ou plusieurs mois	} de vue
à une ou plusieurs usances	

— est fixée par la date de l'acceptation, ou par celle du protêt faute d'acceptation. — Co. 119, 122, 134, 174.

132. L'usance est de trente jours, qui courent du lendemain de la date de la lettre de change. — Les mois sont tels qu'ils sont fixés par le calendrier grégorien.

133. Une lettre de change payable en foire est échue la veille du jour fixé pour la clôture de la foire, ou le jour de la foire si elle ne dure qu'un jour. — Co. 129, 161 et s.

134. Si l'échéance d'une lettre de change est à un jour férié légal, elle est payable la veille. — Co. 162. — Pr. 1037.

135. Tous les délais de grâce, de faveur, d'usage ou d'habitude locale, pour le paiement des lettres de change, sont abrogés. — Co. 157.

§ VI. — *De l'endossement.*

136. La propriété d'une lettre de change se transmet par la voie de l'endossement. — Co. 187, 281, 313, 534. — C. 1692.

137. L'endossement est daté. — Il exprime la valeur fournie. — Il énonce le nom de celui à l'ordre de qui il est passé.

138. Si l'endossement n'est pas conforme aux dispositions de l'article précédent, il n'opère pas le transport : il n'est qu'une procuration. — Co. 574.

139. Il est défendu d'antidater les ordres, à peine de faux. — Pr. 147.

§ VII. — *De la solidarité.*

140. Tous ceux qui ont signé, accepté ou endossé une lettre de change, sont tenus à la garantie solidaire envers le porteur. — Co. 118, 121, 160 et s., 164, 187, 542. — C. 1200 et s.

§ VIII. — *De l'aval.*

141. Le paiement d'une lettre de change, indépendamment de l'acceptation et de l'endossement, peut-être garanti par un aval. — Co. 142, 181. — C. 1200 et s.

142. Cette garantie est fournie, par un tiers, sur la lettre même, ou par acte séparé. — Le donneur d'aval est tenu solidairement et par les mêmes voies que les tireurs et endosseurs, sauf les conventions différentes des parties. — Co. 160 et s. — C. 1134, 1200 et s., 2011.

§ IX. — Du paiement (1).

143. Une lettre de change doit être payée dans la monnaie qu'elle indique (2). — Co. 162, 187, 338. — C. 1235, 1243.

144. Celui qui paie une lettre de change avant son échéance est responsable de la validité du paicment.— Co. 161. — C. 1186 et s.

145. Celui qui paie une lettre de change à son échéance et sans opposition est présumé valablement libéré. — Co. 149, 161.

146. Le porteur d'une lettre de change ne peut être contraint d'en recevoir le paiement avant l'échéance.— Co. 144. — C. 1187, 1258.

147. Le paiement d'une lettre de change fait sur une seconde, troisième, quatrième, etc., est valable, lorsque la seconde, troisième, quatrième, etc., porte que ce paiement annule l'effet des autres. — Co. 110, 150 et s.

148. Celui qui paie une lettre de change sur une seconde, troisième, quatrième, etc., sans retirer celle sur laquelle se trouve son acceptation, n'opère point sa libération à l'égard du tiers porteur de son acceptation. — Co. 121, 151 et s.

149. Il n'est admis d'opposition au paiement qu'en cas de perte de la lettre de change, ou de la faillite du porteur. — Co. 145, 150 et s., 437.

150. En cas de perte d'une lettre de change *non acceptée*, celui à qui elle appartient peut en poursuivre le paiement sur une seconde, troisième, quatrième, etc. — Co. 147, 175.

151. Si la lettre de change perdue est revêtue de l'acceptation, le paiement ne peut en être exigé sur une seconde, troisième, quatrième, etc., que par ordonnance du juge, et en donnant caution.— Co. 148, 155. — C. 2040, 2041. — Pr. 517 et s.

152. Si celui qui a perdu la lettre de change, qu'elle soit acceptée ou non, ne peut représenter la seconde, troisième, quatrième, etc., il peut demander le paiement de la lettre de change perdue, et l'obtenir par l'ordonnance du juge, en justifiant de sa propriété par ses livres, et en donnant caution. — Co. 8 et s., 12, 109. — C. 2040, 2041. — Pr. 517 et s.

153. En cas de refus de paiement sur la demande formée en vertu des deux articles précédents, le propriétaire de la lettre de change perdue conserve tous ses droits par un acte de protestation.— Cet acte doit être fait le lendemain de l'échéance de la lettre de change perdue.— Il doit être notifié aux tireur et endosseur, dans les formes et délais prescrits ci-après pour la notification du protêt. — Co. 162 et s., 165 et s. — Pr. 68.

154. Le propriétaire de la lettre de change égarée doit, pour s'en procurer la seconde, s'adresser à son endosseur immédiat, qui est tenu de lui prêter son nom et ses soins pour agir envers son propre endosseur ; et ainsi en remontant d'endosseur en endosseur jus-

(1) Recouvrement par la poste des lettres de change. V. Ll. 7 avril 1879, 17 juillet 1880.
(2) Av. C. d'Et., 30 frim. an XIV. Le conseil d'Etat est d'avis que le porteur d'une lettre de change a le droit d'exiger son paiement en numéraire. Les billets de la banque établis pour la commodité du commerce ne sont que de simple confiance.— V. LL. 12 août 1870, 3 août 1875, art. 28. — Retenue qui se fait dans le commerce sous le nom de *passe de sacs.* V. D. 1er juillet 1809. — L'admission dans les paiements de la monnaie de cuivre et de billon. V. D. 18 août 1810.

qu'au tireur de la lettre. Le propriétaire de la lettre de change égarée supportera les frais.

155. L'engagement de la caution, mentionné dans les articles 151 et 152, est éteint après trois ans, si, pendant ce temps, il n'y a eu ni demandes ni poursuites juridiques. — Co. 189. — C. 2219, 2244.

156. Les paiements faits à compte sur le montant d'une lettre de change sont à la décharge des tireur et endosseurs. — Le porteur est tenu de faire protester la lettre de change pour le surplus. — Co. 124, 163, 173 et s. — C. 1244.

157. Les juges ne peuvent accorder aucun délai pour le paiement d'une lettre de change. — Co. 135, 161. — C. 1244.

§ X. — Du paiement par intervention.

158. Une lettre de change protestée peut être payée par tout intervenant pour le tireur ou pour l'un des endosseurs. — L'intervention et le paiement seront constatés dans l'acte de protêt ou à la suite de l'acte. — Co. 126 et s., 174. — C. 1236, 1377.

159. Celui qui paye une lettre de change par intervention est subrogé aux droits du porteur, et tenu des mêmes devoirs pour les formalités à remplir. — Si le paiement par intervention est fait pour le compte du tireur, tous les endosseurs sont libérés. — S'il est fait pour un endosseur, les endosseurs subséquents sont libérés. — S'il y a concurrence pour le paiement d'une lettre de change par intervention, celui qui opère le plus de libérations est préféré. — Si celui sur qui la lettre était originairement tirée, et sur qui a été fait le protêt faute d'acceptation, se présente pour la payer, il sera préféré à tous autres. — Co. 119, 158. — C. 1251.

§ XI. — Des droits et devoirs du porteur.

160. (L. 3 mai 1862). Le porteur d'une lettre de change tirée du continent et des îles de l'Europe ou de l'Algérie, et payable dans les possessions européennes de la France ou dans l'Algérie, soit à vue, soit à un ou plusieurs jours, mois ou usances de vue, doit en exiger le paiement ou l'acceptation dans les trois mois de sa date, sous peine de perdre son recours sur les endosseurs et même sur le tireur si celui-ci a fait provision. — Le délai est de quatre mois pour les lettres de change tirées des Etats du littoral de la Méditerranée et du littoral de la mer Noire sur les possessions européennes de la France, et réciproquement du continent et des îles de l'Europe, sur les établissements français de la Méditerranée et de la mer Noire. — Le délai est de six mois pour les lettres de change tirées des Etats d'Afrique en deçà du cap de Bonne-Espérance, et des Etats d'Amérique en deçà du cap Horn, sur les possessions européennes de la France, et réciproquement du continent et des îles de l'Europe, sur les possessions françaises ou établissements français dans les Etats d'Afrique en deçà du cap de Bonne-Espérance et dans les Etats d'Amérique en deçà du cap Horn. — Le délai est d'un an pour les lettres de change tirées de toute autre partie du monde sur les possessions européennes de la France, et réciproquement du continent et des îles de l'Europe sur les possessions françaises et les établissements français dans toute autre partie du monde. — La même déchéance aura lieu contre le porteur d'une lettre de change à vue, à un ou plusieurs jours, mois ou usances de vue, tirée de la France, des possessions ou établissements français et payable dans les pays étrangers, qui n'en exigera pas le paiement ou l'acceptation dans les délais ci-dessus prescrits pour chacune des distances respectives. Les délais ci-dessus seront doublés en temps de guerre maritime. — Les dispositions ci-dessus ne préjudicieront néanmoins pas aux stipulations contraires qui pourraient intervenir entre le preneur, le tireur et même les endosseurs. — Co. 118 et s., 129 et s., 143 et s., 173 et s.

161. Le porteur d'une lettre de change doit en exiger le paiement (1) le jour de son échéance. — Co. 130 et s., 143 et s.

162. Le refus de paiement doit être constaté le lendemain du jour de l'échéance, par un acte que l'on nomme *protêt faute de paiement*. — Si ce jour est un jour férié légal, le protêt est fait le jour suivant. — Co. 130 et s., 161, 173 et s., 184. — Pr. 1037.

163. Le porteur n'est dispensé du protêt faute de paiement, ni par le protêt faute d'acceptation, ni par la mort ou faillite de celui sur qui la lettre de change est tirée. — Dans le cas de faillite de l'accepteur avant l'échéance, le porteur peut faire protester et exercer son recours. — Co. 173 et s., 437, 444. — C. 1188. — Pr. 124.

164. Le porteur d'une lettre de change protestée faute de paiement peut exercer son action en garantie, — ou individuellement contre le tireur et chacun des endosseurs, — ou collectivement contre les endosseurs et le tireur. — La même faculté existe pour chacun des endosseurs, à l'égard du tireur et des endosseurs qui le précèdent. — Co. 140, 165 et s.

165. Si le porteur exerce le recours individuellement contre son cédant, il doit lui en faire notifier le protêt, et, à défaut de remboursement, le faire citer en jugement dans les quinze jours qui suivent la date du protêt, si celui-ci réside dans la distance de cinq myriamètres. — Ce délai, à l'égard du cédant domicilié à plus de cinq myriamètres de l'endroit où la lettre de change était payable, sera augmenté d'un jour par deux myriamètres et demi (2) excédant les cinq myriamètres. — Co. 167 et s., 171 et s. — Pr. 59, 61, 68-70, 420, 1033.

166. (*L. 3 mai 1862*). Les lettres de change tirées de France et payables hors du territoire continental de la France en Europe étant protestées, les tireurs et les endosseurs résidant en France seront poursuivis dans les délais ci-après : — D'un mois pour celles qui étaient payables en Corse, en Algérie, dans les îles Britanniques, en Italie, dans le royaume des Pays-Bas et dans les Etats ou Confédérations limitrophes de la France ; — De deux mois pour celles qui étaient payables dans les autres Etats, soit de l'Europe, soit du littoral de la Méditerranée et de celui de la mer Noire ; — De cinq mois pour celles qui étaient payables hors d'Europe, en deçà des détroits de Malacca et de la Sonde et en deçà du cap Horn ; — De huit mois pour celles qui étaient payables au delà des détroits de Malacca et de la Sonde et au delà du cap Horn. Ces délais seront observés dans les mêmes proportions pour le recours à exercer contre les tireurs et endosseurs résidant dans les possessions françaises hors de la France continentale. — Les délais ci-dessus seront doublés pour les pays d'outre-mer en cas de guerre maritime. — Co. 160, 167 et s., 171 et s.

167. Si le porteur exerce son recours collectivement contre les endosseurs et le tireur, il jouit, à l'égard de chacun d'eux, du délai déterminé par les articles précédents. — Chacun des endosseurs a le droit d'exercer le même recours, ou individuellement, ou collectivement, dans le même délai. — A leur égard, le délai court du lendemain de la date de la citation en justice. — Co. 164 et s., 189, 631.

168. Après l'expiration des délais ci-dessus : — Pour la présentation de la lettre de change à vue, ou à un ou plusieurs jours ou mois ou usances de vue, — Pour le protêt faute de paiement, — Pour l'exercice de l'action en garantie, — Le porteur de la lettre de change est déchu de tous droits contre les endosseurs. — Co. 160-162, 165 et s. — C. 1692.

169. Les endosseurs sont également déchus de toute action en garantie contre leurs cédants, après les délais ci-dessus prescrits, chacun en ce qui le concerne. — Co. 164 et s., 168.

170. La même déchéance a lieu contre le porteur et les endosseurs à l'égard du tireur lui-même, si ce dernier justifie qu'il y avait provision à l'échéance de la lettre de change. — Le porteur, en ce cas, ne conserve d'action que contre celui sur qui la lettre était tirée. — Co. 115 et s., 160 et s., 189.

171. Les effets de la déchéance prononcée par les trois articles précédents cessent en faveur du porteur, contre le tireur ou contre celui des endosseurs qui, après l'expiration des délais fixés pour le protêt, la notification du protêt ou la citation du jugement, a reçu pour compte, compensation ou autrement, les fonds destinés au paiement de la lettre de change. — Co. 168 et s. — C. 1289 et s.

172. Indépendamment des formalités prescrites pour l'exercice de l'action en garantie, le porteur d'une lettre de change protestée faute de paiement peut, en obtenant la permission du juge, saisir conservatoirement les effets mobiliers des tireur, accepteurs et endosseurs. — Co. 164 et s. — Pr. 417, 557 et s.

§ XII. — *Des protêts.*

173. Les protêts faute d'acceptation ou de paiement sont faits par deux notaires, ou par un notaire et deux témoins, ou par un huissier et deux témoins (3). — Le protêt doit être fait : — Au domicile de celui sur qui la lettre était payable, ou à son dernier domicile connu, — Au domicile des personnes indiquées par la lettre de change pour la payer au besoin, — Au domicile du tiers qui a accepté par intervention ; — Le tout par un seul et même acte. — En cas de fausse indication de domicile, le protêt sera précédé d'un acte de perquisition. — Co. 119, 126, 184 et s., 189. — C. 102 et s. — Pr. 585. — T. art. 65, § 3 et s. (4).

174. L'acte de protêt contient : — La transcription littérale de la lettre de change, de l'acceptation, des endossements, et des recommandations qui y sont indiquées, — La sommation de payer le montant de la lettre de change. — Il énonce : — La présence ou l'absence de celui qui doit payer, — Les motifs du refus de payer, et l'impuissance ou le refus de signer.

175. Nul acte, de la part du porteur de la lettre de change, ne peut suppléer l'acte de protêt, hors le cas prévu par les articles 150 et suivants, touchant la perte de la lettre de change.

176. Les notaires et les huissiers sont tenus, à peine de destitution, dépens, dommages-intérêts envers les parties, de laisser copie exacte des protêts, et de

---

(1) V. L. 6 therm. an III.

(2) Aujourd'hui un jour par *cinq* myriamètres. V. Pr. 1033, L. 3 mai 1862.

(3) Décret du 24 mars 1848, art. 2, dispensant provisoirement de l'assistance des deux témoins. Ce provisoire dure encore.

(4) L. 25 vent. an XI, art. 9 ; L. 21 juin 1843, art. 1, 3.

les inscrire en entier, jour par jour et par ordre de dates, dans un registre particulier, coté, paraphé, et tenu dans les formes prescrites pour les répertoires. — Co. 173, 174. — C. 1149, 1382. — Pr. 71, 1041.

§ XIII. — Du rechange.

177. Le rechange s'effectue par une retraite. — Co. 178 et s., 180, 187.

178. La retraite est une nouvelle lettre de change, au moyen de laquelle le porteur se rembourse sur le tireur, ou sur l'un des endosseurs, du principal de la lettre protestée, de ses frais, et du nouveau change qu'il paie (1). — Co. 110, 140, 179 et s., 184.

179. Le rechange se règle, à l'égard du tireur, par le cours du change du lieu où la lettre de change était payable, sur le lieu d'où elle a été tirée. — Il se règle, à l'égard des endosseurs, par le cours du change du lieu où la lettre de change a été remise ou négociée par eux, sur le lieu où le remboursement s'effectue (2). — Co. 72, 76, 110, 120, 181 et s., 185 et s.

180. La retraite est accompagnée d'un compte de retour (2). — Co. 178 et s.

181. Le compte de retour comprend : — Le principal de la lettre de change protestée, — Les frais de protêt et autres frais légitimes, tels que commission de banque, courtage, timbre et ports de lettres. — Il énonce le nom de celui sur qui la retraite est faite, et le prix du change auquel elle est négociée. — Il est certifié par un agent de change. — Dans les lieux où il n'y a pas d'agent de change, il est certifié par deux commerçants. — Il est accompagné de la lettre de change protestée, du protêt, ou d'une expédition de l'acte de protêt. — Dans le cas où la retraite est faite sur l'un des endosseurs, elle est accompagnée, en outre, d'un certificat qui constate le cours du change du lieu où la lettre de change était payable, sur le lieu d'où elle a été tirée (2). — Co. 72, 76, 180 et s.

182. Il ne peut être fait plusieurs comptes de retour sur une même lettre de change. — Ce compte de retour est remboursé d'endosseur à endosseur respectivement, et définitivement par le tireur.

183. Les rechanges ne peuvent être cumulés. Chaque endosseur n'en supporte qu'un seul, ainsi que le tireur. — Co. 179.

184. L'intérêt du principal de la lettre de change

protestée faute de paiement est dû à compter du jour du protêt. — Co. 173. — C. 1153, 1907, 2277.

185. L'intérêt des frais de protêt, rechange et autres frais légitimes, n'est dû qu'à compter du jour de la demande en justice. — Co. 162, 173, 177, 181, 631. — C. 1153. — Pr. 59 et s.

186. Il n'est point dû de rechange, si le compte de retour n'est pas accompagné des certificats d'agents de change ou de commerçants prescrits par l'article 181 (2).

SECTION II
DU BILLET A ORDRE

187. Toutes les dispositions relatives aux lettres de change, et concernant l'échéance : — l'endossement, la solidarité, — l'aval, — le paiement, — le paiement par intervention, — le protêt, — les devoirs et droits du porteur, — le rechange ou les intérêts, — sont applicables aux billets à ordre, sans préjudice des dispositions relatives aux cas prévus par les articles 636, 637 et 638. — Co. 110, 127 et s., 136, 140 et s., 158 et s., 173 et s., 177 et s., 189. — C. 1326.

188. Le billet à ordre est daté. — Il énonce : — La somme à payer, — Le nom de celui à l'ordre de qui il est souscrit, — L'époque à laquelle le paiement doit s'effectuer, — La valeur qui a été fournie en espèces, en marchandises, en compte, ou de toute autre manière (3).

SECTION III
DE LA PRESCRIPTION

189. Toutes actions relatives aux lettres de change, et à ceux des billets à ordre souscrits par des négociants, marchands ou banquiers, ou pour faits de commerce, se prescrivent par cinq ans, à compter du jour du protêt, ou de la dernière poursuite juridique, s'il n'y a eu condamnation, ou si la dette n'a été reconnue par acte séparé. — Néanmoins les prétendus débiteurs seront tenus, s'ils en sont requis, d'affirmer, sous serment, qu'ils ne sont plus redevables; et leurs veuves, héritiers ou ayants cause, qu'ils estiment de bonne foi qu'il n'est plus rien dû. — Co. 1, 155, 173, 187. — C. 1357 s., 2242 s., 2275, 2278. — Pr. 120, 121. — P. 366.

---

(1) V. Décret du 24 mars 1848, modifiant *provisoirement* les art. 178 et 179. Ce provisoire dure-t-il toujours? Question controversée.

(2) Décret du 24 mars 1848. — Timbre. V. LL. 5 juin 1850, 23 août 1871, 19 février 1874.

(3) Timbre et enregistrement. V. Livre I, tit. VIII, sect. I.

LIVRE DEUXIÈME

DU COMMERCE MARITIME

TITRE PREMIER

Des navires et autres bâtiments de mer

190. Les navires et autres bâtiments de mer sont meubles. — Néanmoins ils sont affectés aux dettes du vendeur, et spécialement à celles que la loi déclare privilégiées. — Co. 191 et s., 197, 280, 633. — C. 531, 2095 et s., 2120. — Pr. 620.

191. Sont privilégiées, et dans l'ordre où elles sont rangées, les dettes ci-après désignées : — 1° Les frais de justice et autres, faits pour parvenir à la vente et à la distribution du prix ; — 2° Les droits de pilotage, tonnage, cale, amarrage et bassin ou avant-bassin ; — 3° Les gages du gardien, et frais de garde du bâtiment, depuis son entrée dans le port jusqu'à la vente ; — 4° Le loyer des magasins où se trouvent déposés les agrès et les apparaux ; — 5° Les frais d'entretien du bâtiment et de ses agrès et apparaux, depuis son dernier voyage et son entrée dans le port ; — 6° Les gages et loyers du capitaine et autres gens de l'équipage employés au dernier voyage : — 7° Les sommes prêtées au capitaine pour les besoins du bâtiment pendant le dernier voyage, et le remboursement du prix des marchandises par lui vendues pour le même objet ; — 8° Les sommes dues aux vendeurs, aux fournisseurs et ouvriers employés à la construction, si le navire n'a point encore fait de voyage ; et les sommes dues aux créanciers pour fournitures, travaux, main-d'œuvre, pour radoub, victuailles, armement et équipement avant le départ du navire, s'il a déjà navigué ; — 9° (Abrogé, LL. 10 décembre 1874, art. 27; 10 juillet 1885, art. 39). Les sommes prêtées à la grosse sur le corps, quille, agrès, apparaux, pour radoub, victuailles, armement, équipement avant le départ du navire ; — 10° Le montant des primes d'assurances faites sur le corps, quille, agrès, apparaux, et sur l'armement et équipement du navire, dues pour le dernier voyage ; — 11° Les dommages-intérêts dus aux affréteurs pour le défaut de délivrance des marchandises qu'ils ont chargées, ou pour remboursement des avaries souffertes par lesdites marchandises par la faute du capitaine ou de l'équipage. — Les créanciers compris dans chacun des numéros du présent article viendront en concurrence, et au marc le franc, en cas d'insuffisance du prix. Les créanciers hypothécaires sur le navire viennent dans leur ordre d'inscription après les créanciers privilégiés (*Paragraphe ajouté par la loi du 10 décembre 1874 et reproduit par la loi du 10 juillet 1885, art. 34.*)

192. Le privilège accordé aux dettes énoncées dans le précédent article ne peut être exercé qu'autant qu'elles seront justifiées dans les formes suivantes : —

1° Les frais de justice seront constatés par les états de frais arrêtés par les tribunaux compétents ; — 2° Les droits de tonnage et autres par les quittances légales des receveurs ; — 3° Les dettes désignées par les numéros 1, 3, 4 et 5 de l'article 191 seront constatées par des états arrêtés par le président du tribunal de commerce ; — 4° Les gages et loyers de l'équipage, par les rôles d'armement et désarmement arrêtés dans les bureaux de l'inscription maritime ; — 5° Les sommes prêtées et la valeur des marchandises vendues pour les besoins du navire pendant le dernier voyage, par des états arrêtés par le capitaine, appuyés de procès-verbaux signés par le capitaine et les principaux de l'équipage, constatant la nécessité des emprunts ; — 6° La vente du navire par un acte ayant date certaine, et les fournitures pour l'armement, équipement et victuailles du navire, seront constatées par les mémoires, factures ou états visés par le capitaine et arrêtés par l'armateur, dont un double sera déposé au greffe du tribunal de commerce avant le départ du navire, ou, au plus tard, dans les dix jours après son départ ; — 7° (Abrogé, LL. 10 décembre 1874, art. 27 ; 10 juillet 1885, art. 39.) Les sommes prêtées sur le corps, quille, agrès, apparaux, armement et équipement, avant le départ du navire, seront constatées par des contrats passés devant notaires, ou sous signature privée, dont les expéditions ou doubles seront déposés au greffe du tribunal de commerce dans les dix jours de leur date ; — 8° Les primes d'assurances seront constatées par les polices ou par les extraits des livres des courtiers d'assurances ; — 9° Les dommages-intérêts dus aux affréteurs seront constatés par les jugements, ou par les décisions arbitrales qui seront intervenues. — Co. 190 et s., 311 et s. ; C. 1317 et s., 1328, 2101. — Pr. 128, 1020.

193. Les privilèges des créanciers seront éteints, — Indépendamment des moyens généraux d'extinction des obligations : — Par la vente en justice faite dans les formes établies par le titre suivant ; — Ou lorsqu'après une vente volontaire, le navire aura fait un voyage en mer sous le nom et aux risques de l'acquéreur, et sans opposition de la part des créanciers du vendeur.— Co. 190, 194 et s., 197-215. — C. 1234.

194. Un navire est censé avoir fait un voyage en mer, — Lorsque son départ et son arrivée auront été constatés dans deux ports différents et trente jours après le départ ; — Lorsque, sans être arrivé dans un autre port, il s'est écoulé plus de soixante jours entre le départ et le retour dans le même port, ou lorsque le navire, parti pour un voyage de long cours, a été plus de soixante jours en voyage, sans réclamation de la part des créanciers du vendeur. — Co. 193.

195. La vente volontaire d'un navire doit être faite par écrit, et peut avoir lieu par acte public, ou par acte sous signature privée. — Elle peut être faite pour le navire entier, ou pour une portion du navire, — Le navire étant dans le port ou en voyage.— Co. 196, 226, 633 (1). — C. 13, 1317 et s., 1341, 1353 et s., 1582.

196. La vente volontaire d'un navire en voyage ne préjudicie pas aux créanciers du vendeur. — En conséquence, nonobstant la vente, le navire ou son prix continue d'être le gage desdits créanciers, qui peuvent même, s'ils le jugent convenable, attaquer la vente pour cause de fraude. — Co. 190 et s. — C. 1167, 2119, 2268.

TITRE II

De la saisie et vente des navires

197. Tous bâtiments de mer peuvent être saisis et vendus par autorité de justice; et le privilège des créanciers sera purgé par les formalités suivantes. — Co. 191, 215. — C. 531, 2120. — Pr. 583 et s., 620.

198. Il ne pourra être procédé à la saisie que vingt-quatre heures après le commandement de payer.— Co. 199. — Pr. 68, 583, 1033.

199. Le commandement devra être fait à la personne du propriétaire ou à son domicile, s'il s'agit d'une action générale à exercer contre lui. — Le commandement pourra être fait au capitaine du navire, si la créance est du nombre de celles qui sont susceptibles de privilège sur le navire, aux termes de l'article 191.— Pr. 68, 583.

200. L'huissier énonce dans le procès-verbal : — Les nom, profession et demeure du créancier pour qui il agit; — Le titre en vertu duquel il procède ; — La somme dont il poursuit le paiement; — L'élection de domicile faite par le créancier dans le lieu où siège le tribunal devant lequel la vente doit être poursuivie, et dans le lieu où le navire saisi est amarré; — Les noms du propriétaire et du capitaine; — Le nom, l'espèce et le tonnage du bâtiment. — Il fait l'énonciation et la description des chaloupes, canots, agrès, ustensiles, armes, munitions et provisions.— Il établit un gardien. Co. 198. — C. 1962. — Pr. 442, 586, 588. — P. 400. — T. art. 34.

201 à 207. (*Abrogés, L. 10 juillet 1885, art. 39*).

208. L'adjudication du navire fait cesser les fonctions du capitaine; sauf à lui à se pourvoir en dédommagement contre qui de droit. — Co. 218 et s. — C. 1140, 1382.

209. Les adjudicataires des navires de tout tonnage seront tenus de payer le prix de leur adjudication dans le délai de vingt-quatre heures ou de le consigner, sans frais, au greffe du tribunal de commerce, à peine d'y être contraints par corps(2). A défaut de paiement ou de consignation, le bâtiment sera remis en vente et adjugé trois jours après une nouvelle publication et affiche unique, à la folle enchère des adjudicataires, qui seront également contraints par corps pour le paiement du déficit, des dommages, des intérêts et des frais. — Co. 205. — Pr. 126, 624.

210. Les demandes en distraction seront formées et notifiées au greffe du tribunal avant l'adjudication. — Si les demandes en distraction ne sont formées qu'après

l'adjudication, elles seront converties, de plein droit, en oppositions à la délivrance des sommes provenant de la vente. — Pr. 557 et s., 608, 656 et s., 725 et s.

211. Le demandeur ou l'opposant aura trois jours pour fournir ses moyens. — Le défendeur aura trois jours pour contredire. — La cause sera portée à l'audience sur une simple citation. — Co. 210. — Pr. 82.

212. Pendant trois jours après celui de l'adjudication, les oppositions à la délivrance du prix seront reçues; passé ce temps, elles ne seront plus admise. — Pr. 557 et s.

213. Les créanciers opposants sont tenus de produire au greffe leurs titres de créance, dans les trois jours qui suivent la sommation qui leur en est faite par le créancier poursuivant ou par le tiers saisi, faute de quoi il sera procédé à la distribution du prix de la vente, sans qu'ils y soient compris. — Pr. 656 et s.

214. La collocation des créanciers et la distribution de deniers sont faites entre les créanciers privilégiés, dans l'ordre prescrit par l'article 191; et entre les autres créanciers au marc le franc de leurs créances. — Tout créancier colloqué l'est tant pour son principal que pour les intérêts et frais.

215. Le bâtiment prêt à faire voile n'est pas saisissable, si ce n'est à raison de dettes contractées pour le voyage qu'il va faire; et, même dans ce dernier cas, le cautionnement de ces dettes empêche la saisie. — Le bâtiment est censé prêt à faire voile lorsque le capitaine est muni de ses expéditions pour son voyage. — Co. 231.

TITRE III

Des propriétaires de navires (3)

216. (*Ainsi modifié, Loi 14 juin 1841*). — Tout propriétaire de navire est civilement responsable des faits du capitaine, et tenu des engagements contractés par ce dernier, pour ce qui est relatif au navire et à l'expédition. — Il peut, dans tous les cas, s'affranchir des obligations ci-dessus par l'abandon du navire et du fret. — Toutefois, la faculté de faire abandon n'est point accordée à celui qui est en même temps capitaine et propriétaire ou copropriétaire du navire. Lorsque le capitaine ne sera que copropriétaire, il ne sera responsable des engagements contractés par lui, pour ce qui est relatif au navire et à l'expédition, que dans la proportion de son intérêt.— (*Ajouté, L. 12 août 1885*). En cas de naufrage du navire dans un port de mer ou havre, dans un port maritime ou dans les eaux qui leur servent d'accès, comme aussi en cas d'avaries causées par le navire aux ouvrages d'un port, le propriétaire du navire peut se libérer, même envers l'État, de toute dépense d'extraction ou de réparation, ainsi que de tous dommages-intérêts, par l'abandon du navire et du fret des marchandises à bord. — La même faculté appartient au capitaine qui est propriétaire ou copropriétaire du navire, à moins qu'il ne soit prouvé que l'accident a été occasionné par sa faute. — Co. 191, 221 et s., 298, 356, 369 et s., 405 et s.

---

(1) Mutation en douane. V. LL. 27 vendémiaire an II, art. 17, 18; 6 mai 1841, art. 6. — Droit fixe de vente. V. L. 30 janvier 1893, art. 10.

(2) La loi du 22 juillet 1867 a supprimé la contrainte par corps en matière civile, commerciale et contre les étrangers.

(3) Nationalité des navires et conditions pour qu'un navire soit français ou le devienne. V. LL. 21 septembre 1793, 27 vendémiaire an II, 9 juin 1845, 19 mars 1866, 30 juin 1872, 29 janvier 1881, 7 mai 1881.

217. Les propriétaires des navires équipés en guerre ne seront toutefois responsables des délits et déprédations commis en mer par les gens de guerre qui sont sur leurs navires, ou par les équipages, que jusqu'à concurrence de la somme pour laquelle ils auront donné caution, à moins qu'ils n'en soient participants ou complices. — Co. 223.

218. Le propriétaire *peut congédier le capitaine.— Il n'y a pas lieu à indemnité, s'il n'y a convention par écrit.* — Co. 208. — C. 1134.

219. Si le capitaine congédié est copropriétaire du *navire, il peut renoncer à la copropriété et exiger le remboursement du capital qui la représente. — Le* montant de ce capital est déterminé par des experts convenus ou nommés d'office. — Co. 414. Pr. 302 et s.

220. En tout ce qui concerne l'intérêt commun des propriétaires d'un navire, l'avis de la majorité est suivi. — La majorité se détermine par une portion d'intérêt dans le navire, excédant la moitié de sa valeur. — La licitation du navire ne peut être accordée que sur la demande des propriétaires, formant ensemble la moitié de l'intérêt total dans le navire, s'il n'y a, par écrit, convention contraire. — C. 815, 1134, 1686 et s.

TITRE IV

Du capitaine (1)

221. Tout capitaine, maître ou patron, chargé de la conduite d'un navire ou autre bâtiment, est garant de ses fautes, même légères, dans l'exercice de ses fonctions. — Co. 208, 216, 218, 230, 250 et s., 293, 405, 407, 433 et s.— C. 1382 et s., 1992.

222. Il est responsable des marchandises dont il se charge. — Il en fournit une reconnaissance. — Cette reconnaissance se nomme *connaissement.* — Co. 226 et s., 281 et s., 293, 420.

223. Il appartient au capitaine de former l'équipage du vaisseau et de choisir et louer les matelots et autres gens de l'équipage; ce qu'il fera néanmoins de concert avec les propriétaires lorsqu'il sera dans le lieu de leur demeure. — Co. 217. 250 et s.

224. Le capitaine tient un registre coté et paraphé par l'un des juges du tribunal de commerce, ou par le maire ou son adjoint dans les lieux où il n'y a pas de tribunal de commerce. — Ce registre contient : — Les résolutions prises pendant le voyage, — La recette et la dépense concernant le navire, et généralement tout ce qui concerne le fait de sa charge, et tout ce qui peut donner lieu à un compte à rendre, à une demande à former. — Co. 228, 242.

225. Le capitaine est tenu, avant de prendre charge, de faire visiter son navire, aux termes et dans les formes prescrites dans les règlements. — Le procès-verbal de visite est déposé au greffe du tribunal de commerce; il en est délivré extrait au capitaine.— Co. 228, 297 (2).

226. Le capitaine est tenu d'avoir à bord : — L'acte de *propriété du navire*, — L'acte de francisation, — Le rôle d'équipage (3), — Les connaissements et chartes-parties, — Les procès-verbaux de visite, — Les acquits de paiement à caution des douanes (4). — Co. 228, 250, 273 et s., 281 et s.

227. Le capitaine est tenu d'être en personne dans son navire à l'entrée et à la sortie des ports, havres ou rivières. — Co. 228, 241.

228. En cas de contraventions aux obligations imposées par les quatre articles précédents, le capitaine est responsable de tous les événements envers les intéressés au navire et au déchargement. — Co. 257.

229. Le capitaine répond également de tout le dommage qui peut arriver aux marchandises qu'il aurait chargées sur le tillac et que sans le consentement par écrit du chargeur. — Cette disposition n'est point applicable au petit cabotage (3). — Co. 222, 411, 421.

230. La responsabilité du capitaine ne cesse que par la preuve d'obstacles de force majeure. — Co. 103, 222. — C. 1148, 1302, 1784.

231. Le capitaine et les gens de l'équipage qui sont à bord, ou qui sur les chaloupes se rendent à bord pour faire voile, ne peuvent être arrêtés pour dettes civiles, si ce n'est à raison de celles qu'ils auront contractées pour le voyage ; et même, dans ce dernier cas, ils ne peuvent être arrêtés, s'ils donnent caution. — Co. 215. — C. 2040 et s., 2070. — Pr. 517 et s.

232. Le capitaine, dans le lieu de la demeure des propriétaires ou de leurs fondés de pouvoir, ne peut, sans leur autorisation spéciale, faire travailler au radoub du bâtiment, acheter des voiles, cordages et autres choses pour le bâtiment, prendre à cet effet de l'argent sur le corps du navire, ni fréter le navire. — Co. 236, 314, 321 et s.

233. (*Ainsi modifié, LL. 10 décembre 1874, art. 28; 10 juillet 1885, art. 35.*) Si le bâtiment est frété du consentement des propriétaires et que quelques-uns fassent refus de contribuer aux frais nécessaires pour l'expédition, le capitaine peut, en ce cas, vingt-quatre heures après sommation faite aux refusants de fournir leur contingent, emprunter hypothécairement pour leur compte, sur leur part dans le navire, avec l'autorisation du juge. — Au cas où la part serait déjà hypothéquée, la saisie pourra être autorisée par le juge et la vente poursuivie devant le tribunal civil comme il est dit ci-dessus.

234. Si, pendant le cours du voyage, il y a nécessité de radoub, de victuailles, le capitaine, après l'avoir constaté par un procès-verbal signé des principaux de l'équipage, pourra, en se faisant autoriser en France par le tribunal de commerce, ou, à défaut, par le juge de paix, chez l'étranger par le consul français, ou, à défaut, par le magistrat des lieux, emprunter sur le corps et quille du vaisseau, mettre en gage ou vendre des marchandises jusqu'à concurrence de la somme que les besoins constatés exigent. Les propriétaires, ou le capitaine qui les représente, tiendront compte des marchandises vendues, d'après le cours des marchandises de même nature et qualité dans le lieu de la décharge du navire, à l'époque de son arrivée. — (*Ajouté, L. 14 juin 1841.*) L'affréteur unique ou les chargeurs divers, qui seront tous d'accord, pourront s'opposer à la vente ou la mise en gage de leurs marchandises, en les dé-

---

(1) Conditions qu'on doit remplir pour commander un navire. V. DD. 2 oct. 1880, 21 avril 1882.

(2) L. 30 janvier 1893, art. 9.

(3) V. DD. 19 mars 1852, 25 octobre 1863.

(4) LL. 24 septembre 1793, 27 vendémiaire an II, art. 9, 10, 12, 13; 9 juin 1845, art. 11; D. 19 mars 1852.

(5) Arrimage. V. L. 20 décembre 1892. Petit cabotage. V. Ord. 18 oct. 1740; Arr. 14 vent. an XI (5 mars 1803); Ord. 11 oct. 1811. V. D. 20 mars 1852. — La loi du 30 janvier 1893, art. 14.

2

chargeant et en payant le fret en proportion de ce que le voyage est avancé. À défaut du consentement d'une partie des chargeurs, celui qui voudra user de la faculté de déchargement sera tenu du fret entier sur ses marchandises. — Co. 72, 191, 236, 249, 298, 311 et s., 400.

235. Le capitaine, avant son départ d'un port étranger ou des colonies françaises pour revenir en France, sera tenu d'envoyer à ses propriétaires, ou à leurs fondés de pouvoir, un compte signé de lui, contenant l'état de son chargement, le prix des marchandises de sa cargaison, les sommes par lui empruntées, les noms et demeures des prêteurs.

236. Le capitaine qui aura, sans nécessité, pris de l'argent sur le corps, avitaillement ou équipement du navire, engagé ou vendu des marchandises ou des victuailles, ou qui aura employé dans ses comptes des avaries ou des dépenses supposées, sera responsable envers l'armement, et personnellement tenu du remboursement de l'argent ou du paiement des objets, sans préjudice de la poursuite criminelle, s'il y a lieu. — Co. 234, 298.

237. Hors le cas d'innavigabilité légalement constatée, le capitaine ne peut, à peine de nullité de la vente, vendre le navire sans un pouvoir spécial des propriétaires (1). — Co. 297, 369, 390 et s. — C. 1987 et s.

238. Tout capitaine de navire, engagé pour un voyage, est tenu de l'achever, à peine de tous dépens, dommages et intérêts envers les propriétaires et les affréteurs. — Co. 241, 252 et s. — C. 1149, 1191.

239. Le capitaine qui navigue à profit commun sur le chargement, ne peut faire aucun trafic ni commerce pour son compte particulier, s'il n'y a convention contraire. — Co. 251.

240. En cas de contravention aux dispositions mentionnées dans l'article précédent, les marchandises embarquées par le capitaine pour son compte particulier sont confisquées au profit des autres créanciers.

241. Le capitaine ne peut abandonner son navire pendant le voyage, pour quelque danger que ce soit, sans l'avis des officiers et principaux de l'équipage ; et, en ce cas, il est tenu de sauver avec lui l'argent et ce qu'il pourra des marchandises les plus précieuses de son chargement, sous peine d'en répondre en son propre nom. — Si les objets ainsi tirés du navire sont perdus par quelque cas fortuit, le capitaine en demeurera déchargé (2). — Co. 230, 246, 410 et s. — C. 1148, 1302.

242. Le capitaine est tenu, dans les vingt-quatre heures de son arrivée, de faire viser son registre, et de faire son rapport. — Le rapport doit énoncer : — Le lieu et le temps de son départ, — La route qu'il a tenue, — Les hasards qu'il a courus, — Les désordres arrivés dans le navire, et toutes les circonstances remarquables de son voyage. — Co. 227, 230, 247 s., 410 s.

243. Le rapport est fait au greffe, devant le président du tribunal de commerce. — Dans les lieux où il n'y a pas de tribunal de commerce, le rapport est fait au juge de paix de l'arrondissement. — Le juge de paix qui a reçu le rapport est tenu de l'envoyer, sans délai, au président du tribunal de commerce le plus voisin. — Dans l'un et l'autre cas, le dépôt en est fait au greffe du tribunal de commerce.

244. Si le capitaine aborde dans un port étranger, il est tenu de se présenter au consul de France, de lui faire un rapport, et de prendre un certificat constatant l'époque de son arrivée et de son départ, l'état et la nature de son chargement (3).

245. Si, pendant le cours du voyage, le capitaine est obligé de relâcher dans un port français, il est tenu de déclarer au président du tribunal de commerce les causes de sa relâche. — Dans les lieux où il n'y a pas de tribunal de commerce, la déclaration est faite au juge de paix du canton. — Si la relâche forcée a lieu dans un port étranger, la déclaration est faite au consul de France, ou, à son défaut, au magistrat du lieu (3).

246. Le capitaine qui a fait naufrage, et qui s'est sauvé seul ou avec partie de son équipage, est tenu de se présenter devant le juge du lieu, ou, à défaut de juge, devant toute autre autorité civile, d'y faire son rapport, de le faire vérifier par ceux de son équipage qui se seraient sauvés et se trouveraient avec lui, et d'en lever expédition (3). — Co. 258, 298, 302, 327, 350, 369.

247. Pour vérifier le rapport du capitaine, le juge reçoit l'interrogatoire des gens de l'équipage, et, s'il est possible, des passagers, sans préjudice des autres preuves. — Les rapports non vérifiés ne sont point admis à la décharge du capitaine, et ne font point foi en justice, excepté dans le cas où le capitaine naufragé s'est sauvé seul dans le lieu où il a fait son rapport. — La preuve des faits contraires est réservée aux parties (3). — Co. 256 et s.

248. Hors les cas de péril imminent, le capitaine ne peut décharger aucune marchandise avant d'avoir fait son rapport, à peine de poursuites extraordinaires contre lui. — Co. 242 et s.

249. Si les victuailles du bâtiment manquent pendant le voyage, le capitaine, en prenant l'avis des principaux de l'équipage, pourra contraindre ceux qui auront des vivres en particulier de les mettre en commun, à la charge de leur en payer la valeur. — Co. 191, 234.

TITRE V

De l'engagement et des loyers des matelots et gens de l'équipage

250. Les conditions d'engagement du capitaine et des hommes d'équipage d'un navire sont constatées par le rôle d'équipage, ou par les conventions des parties. — Co. 118, 191, 192, 226, 433 et s., 633. — C. 1341, 1353.

251. Le capitaine et les gens de l'équipage ne peuvent, sous aucun prétexte, charger dans le navire aucune marchandise pour leur compte, sans la permission des propriétaires et sans en payer le fret, s'ils n'y sont autorisés par l'engagement. — Co. 239 et s. — C. 1134.

252. Si le voyage est rompu par le fait des propriétaires, capitaine ou affréteurs, avant le départ du navire, les matelots loués au voyage ou au mois sont payés des journées par eux employées à l'équipement du navire. Ils retiennent pour indemnité les avances reçues. — Si les avances ne sont pas encore payées, ils reçoivent pour indemnité un mois de leurs gages

---

(1) V. Ord. 29 oct. 1833, art. 17, et 22 septembre 1854, art. 2.
(2) Décret du 24 mars 1852, *disciplinaire et pénal pour la marine marchande.*

(3) V. D. 22 sept. 1854.

convenus. — Si la rupture arrive après le voyage commencé, les matelots loués au voyage sont payés en entier aux termes de leur convention. — Les matelots loués au mois reçoivent leurs loyers stipulés pour le temps qu'ils ont servi, et en outre, pour indemnité, la moitié de leurs gages pour le reste de la durée présumée du voyage pour lequel ils étaient engagés. — Les matelots loués au voyage ou au mois reçoivent, en outre, leur conduite de retour jusqu'au lieu du départ du navire, à moins que le capitaine, les propriétaires ou affréteurs, ou l'officier d'administration, ne leur procurent leur embarquement sur un autre navire revenant audit lieu de leur départ (1). — Co. 238, 257 et s., 271 et s., 304, 319, 349.

253. S'il y a interdiction de commerce avec le lieu de destination du navire, ou si le navire est arrêté par ordre du gouvernement avant le voyage commencé, — Il n'est dû aux matelots que les journées employées à équiper le bâtiment. — Co. 272, 276 et s., 299, 300, 350, 369, 387. — C. 1148.

254. Si l'interdiction de commerce ou l'arrêt du navire arrive pendant le cours du voyage : — Dans le cas d'interdiction, les matelots sont payés à proportion du temps qu'ils auront servi ; — Dans le cas de l'arrêt, le loyer des matelots engagés au mois court pour moitié pendant le temps de l'arrêt ; — Le loyer des matelots engagés au voyage est payé aux termes de leur engagement. — Co. 250, 272, 319, 613.

255. Si le voyage est prolongé, le prix des loyers des matelots engagés au voyage est augmenté en proportion de la prolongation. — Co. 257 et s., 272.

256. Si la décharge du navire se fait volontairement dans un lieu plus rapproché que celui qui est désigné par l'affrètement, il ne leur est fait aucune diminution.

257. Si les matelots sont engagés au profit ou au fret, il ne leur est dû aucun dédommagement ni journées pour la rupture, le retardement ou la prolongation du voyage occasionnés par force majeure. — Si la rupture, le retardement ou la prolongation arrivent par le fait des chargeurs, les gens de l'équipage ont part aux indemnités qui sont adjugées au navire. — Ces indemnités sont partagées entre les propriétaires du navire et les gens de l'équipage dans la même proportion que l'aurait été le fret. — Si l'empêchement arrive par le fait du capitaine ou des propriétaires, ils sont tenus des indemnités dues aux gens de l'équipage. — Co. 252.

258. (*L. 12 août 1885*). En cas de prise, naufrage, ou déclaration d'innavigabilité, les matelots engagés au voyage ou au mois sont payés de leurs loyers jusqu'au jour de la cessation de leurs services, à moins qu'il ne soit prouvé, soit que la perte du navire est le résultat de leur faute ou de leur négligence, soit qu'ils n'ont pas fait tout ce qui était en leur pouvoir pour sauver le navire, les passagers et les marchandises, ou pour recueillir les débris. — Dans ce cas, il appartient aux tribunaux de statuer sur la suppression ou la réduction du loyer qu'ils ont encourue. — Ils ne sont jamais tenus de rembourser ce qui leur a été avancé sur leurs loyers. — En cas de perte sans nouvelles, les héritiers ou représentants des matelots engagés au mois auront droit aux loyers échus jusqu'aux dernières nouvelles et à un mois en sus. Dans le cas d'engagement au voyage, il sera dû à la succession des matelots moitié des loyers du voyage. — Si l'engagement avait pour objet un voyage d'aller et retour, il sera payé un quart de l'en-

gagement total si le navire a péri en allant, trois quarts s'il a péri dans le retour ; le tout sans préjudice des conventions contraires. — Dans tous les cas, le rapatriement des gens de l'équipage est à la charge de l'armement, mais seulement jusqu'à concurrence de la valeur du navire ou de ses débris, et du montant du fret des marchandises sauvées, sans préjudice du droit de préférence qui appartient à l'équipage pour le paiement de ses loyers. — Co. 246, 272, 300, 369.

259. (*Abrogé, L. 12 août 1885.*)

260. Les matelots engagés au fret sont payés de leurs loyers seulement sur le fret, à proportion de celui que reçoit le capitaine. — Co. 250, 286.

261. De quelque manière que les matelots soient loués, ils sont payés des journées par eux employées à sauver les débris et les effets naufragés. — Co. 258 et s.

262 (*L. 12 août 1885.*) Le matelot est payé de ses loyers, traité et pansé aux frais du navire, s'il tombe malade pendant le voyage, ou s'il est blessé au service du navire. — Si le matelot a dû être laissé à terre, il est rapatrié aux dépens du navire ; toutefois le capitaine peut se libérer de tous frais de traitement ou de rapatriement en versant entre les mains de l'autorité française une somme à déterminer d'après un tarif qui sera arrêté par un règlement d'administration publique, lequel devra être revisé tous les trois ans. — Les loyers du matelot laissé à terre lui sont payés jusqu'à ce qu'il ait contracté un engagement nouveau ou qu'il ait été rapatrié. S'il a été rapatrié avant son rétablissement, il est payé de ses loyers jusqu'à ce qu'il soit rétabli. Toutefois la période durant laquelle les loyers du matelot lui sont alloués ne pourra dépasser, en aucun cas, quatre mois à dater du jour où il a été laissé à terre (1).

263. (*L. 12 août 1885.*) Le matelot est traité, pansé et rapatrié de la manière indiquée en l'article précédent, aux dépens du navire et du chargement, s'il est blessé en combattant contre les ennemis et les pirates (1). — Co. 272, 400.

264. Si le matelot, sorti du navire sans autorisation, est blessé à terre, les frais de ses pansement et traitement sont à sa charge ; il pourra même être congédié par le capitaine. — Ses loyers, en ce cas, ne lui seront payés qu'à proportion du temps qu'il aura servi. — Co. 272.

265. (*L. 12 août 1885.*) En cas de mort d'un matelot pendant le voyage, si le matelot est engagé au mois, ses loyers sont dus à sa succession jusqu'au jour de son décès. — Si le matelot est engagé au voyage, au profit ou au fret, et pour un voyage d'aller seulement, le total de ses loyers ou de sa part est dû, s'il meurt après le voyage commencé ; si l'engagement avait pour objet un voyage d'aller et retour, la moitié des loyers et de la part du matelot est due s'il meurt en allant ou au port d'arrivée ; la totalité est due s'il meurt en revenant. — Pour les opérations de la grande pêche, la moitié de ses loyers ou de sa part est due s'il meurt pendant la première moitié de la campagne ; la totalité est due s'il meurt dans la seconde moitié. — Les loyers du matelot tué en défendant le navire sont dus en entier pour tout le voyage si le navire arrive à bon port, et, en cas de prise, naufrage ou déclaration d'innavigabilité, jusqu'au jour de la cessation des services de l'équipage (1). — Co. 262 et s., 272.

266. Le matelot pris dans le navire et fait esclave ne peut rien prétendre contre le capitaine, les propriétaires ni les affréteurs, pour le paiement de son

(1) V. D. 4 mars 1852.

rachat. — Il est payé de ses loyers jusqu'au jour où il est pris et fait esclave. — C. 1148.

267. Le matelot pris et fait esclave, s'il a été envoyé en mer ou à terre pour le service du navire, a droit à l'entier paiement de ses loyers. — Il a droit au paiement d'une indemnité pour son rachat, si le navire arrive à bon port. — Co. 272.

268. L'indemnité est due par les propriétaires du navire, si le matelot a été envoyé en mer ou à terre pour le service du navire. — L'indemnité est due par les propriétaires du navire et du chargement, si le matelot a été envoyé en mer ou à terre pour le service du navire et du chargement. — Co. 261, 269.

269. Le montant de l'indemnité est fixé à 600 fr. — Le recouvrement et l'emploi en seront faits suivant les formes déterminées par le gouvernement, dans un règlement relatif au rachat des captifs. — Co. 267 et s.

270. Tout matelot qui justifie qu'il est congédié sans cause valable a droit à une indemnité contre le capitaine. — L'indemnité est fixée au tiers des loyers, si le congé a lieu avant le voyage commencé. — L'indemnité est fixée à la totalité des loyers et aux frais du retour, si le congé a lieu pendant le cours du voyage. — Le capitaine ne peut, dans aucun des cas ci-dessus, répéter le montant de l'indemnité contre les propriétaires du navire. — Il n'y a pas lieu à indemnité, si le matelot est congédié avant la clôture du rôle d'équipage. — Dans aucun cas le capitaine ne peut congédier un matelot dans les pays étrangers (1). Co. 223, 252, 262.

271. Le navire et le fret sont spécialement affectés aux loyers des matelots. — Co. 191 et s., 280, 286, 428, 433.

272. Toutes les dispositions concernant les loyers, pansement et rachat des matelots, sont communes aux officiers et à tous autres gens de l'équipage. — Co. 221.

TITRE VI

Des chartes-parties, affrètements ou nolisements

273. Toute convention pour louage d'un vaisseau, appelée *charte-partie*, *affrètement* ou *nolisement*, doit être rédigée par écrit. — Elle énonce : — Le nom et le tonnage du navire, — Le nom du capitaine, — Les noms du fréteur et de l'affréteur, — Le lieu et le temps convenu pour la charge et la décharge, — Le prix du fret ou nolis, — Si l'affrètement est total ou partiel, — L'indemnité convenue pour les cas de retard. — Co. 80, 102, 226, 286 et s., 633. — C. 1317, 1322, 1341 et s., 1353.

274. Si le temps de la charge et de la décharge du navire n'est point fixé par les conventions des parties, il est réglé suivant l'usage des lieux. — C. 1134, 1159.

275. Si le navire est frété au mois, et s'il n'y a convention contraire, le fret court du jour où le navire a fait voile. — Co. 300. — C. 1134.

276. Si, avant le départ du navire, il y a interdiction de commerce avec le pays pour lequel il est destiné, les conventions sont résolues sans dommages-intérêts de part ni d'autre. — Le chargeur est tenu

(1) V. D. 4 mars 1852.

des frais de la charge et de la décharge de ses marchandises. — Co. 253, 299. — C. 1148.

277. S'il existe une force majeure qui n'empêche que pour un temps la sortie du navire, les conventions subsistent, et il n'y a pas lieu à dommages-intérêts à raison du retard. — Elles subsistent également, et il n'y a lieu à aucune augmentation de fret, si la force majeure arrive pendant le voyage. — Co. 276, 300. — C. 1148.

278. Le chargeur peut, pendant l'arrêt du navire, faire décharger ses marchandises à ses frais, à condition de les recharger ou d'indemniser le capitaine. — Co. 224, 276 et s.

279. Dans le cas de blocus du port pour lequel le navire est destiné, le capitaine est tenu, s'il n'a des ordres contraires, de se rendre dans un des ports voisins de la même puissance où il lui sera permis d'aborder.

280. Le navire, les agrès et apparaux, le fret et les marchandises chargées, sont respectivement affectés à l'exécution des conventions des parties. — Co. 191, 271, 315.

TITRE VII

Du connaissement (2)

281. Le connaissement doit exprimer la nature et la quantité ainsi que les espèces ou qualités des objets à transporter. — Il indique : — Le nom du chargeur, — Le nom et l'adresse de celui à qui l'expédition est faite, — Le nom et le domicile du capitaine, — Le nom et le tonnage du navire, — Le lieu du départ et celui de la destination. — Il énonce le prix du fret. — Il présente en marge les marques et numéros des objets à transporter. — Le connaissement peut être à ordre, ou au porteur, ou à personne dénommée. — Co. 136 et s., 188, 222, 226, 228, 418, 420.

282. Chaque connaissement est fait en quatre originaux au moins : — Un pour le chargeur, — Un pour celui à qui les marchandises sont adressées, — Un pour le capitaine, — Un pour l'armateur du bâtiment. — Les quatre originaux sont signés par le chargeur et par le capitaine, dans les vingt-quatre heures après le chargement. — Le chargeur est tenu de fournir au capitaine, dans le même délai, les acquits des marchandises chargées. — Co. 226. — C. 1325.

283. Le connaissement rédigé dans la forme ci-dessus prescrite fait foi entre toutes les parties intéressées au chargement, et entre elles et les assureurs. — Co. 281 et s., 344, 352. — C. 1322.

284. En cas de diversité entre les connaissements d'un même chargement, celui qui sera entre les mains du capitaine fera foi, s'il est rempli de la main du chargeur, ou de celle de son commissionnaire ; et celui qui est présenté par le chargeur ou le consignataire sera suivi, s'il est rempli de la main du capitaine.

285. Tout commissionnaire ou consignataire qui aura reçu les marchandises mentionnées dans les connaissements ou chartes-parties sera tenu d'en donner reçu au capitaine qui le demandera, à peine de tous dépens, dommages-intérêts, même de ceux de retardement. — Co. 91 et s., 305. — C. 1149, 1382. — Pr. 126.

(2) V. L. 30 mars 1872 *concernant... la perception du droit de timbre des connaissements.*

TITRE VIII

Du fret ou nolis

286. Le prix du loyer d'un navire ou autre bâtiment de mer est appelé *fret* ou *nolis*. — Il est réglé par les conventions des parties. — Il est constaté par la charte-partie ou par le connaissement. — Il a lieu pour la totalité ou pour partie du bâtiment, pour un voyage entier ou pour un temps limité, au tonneau, au quintal, à forfait, ou à cueillette, avec désignation du tonnage du vaisseau. — Co. 72, 80, 273 et s., 281 et s., 433 et s., 633.

287. Si le navire est loué en totalité, et que l'affréteur ne lui donne pas toute sa charge, le capitaine ne peut prendre d'autres marchandises sans le consentement de l'affréteur. — L'affréteur profite du fret des marchandises qui complètent le chargement du navire qu'il a entièrement affrété. — Co. 229, 239, 251.

288. L'affréteur qui n'a pas chargé la quantité de marchandises portée par la charte-partie est tenu de payer le fret en entier, et pour le chargement complet auquel il s'est engagé. — S'il en charge davantage, il paie le fret de l'excédent sur le prix réglé par la charte-partie. — Si cependant l'affréteur, sans avoir rien chargé, rompt le voyage avant le départ, il paiera en indemnité au capitaine la moitié du fret convenu par la charte-partie pour la totalité du chargement qu'il devait faire. — Si le navire a reçu une partie de son chargement, et qu'il parte à non charge, le fret entier sera dû au capitaine. — Co. 252, 273, 291, 294, 349. — C. 1142.

289. Le capitaine qui a déclaré le navire d'un plus grand port qu'il n'est, est tenu des dommages-intérêts envers l'affréteur. — Co. 221, 273. — C. 1149, 1382.

290. N'est réputé y avoir erreur dans la déclaration du tonnage d'un navire, si l'erreur n'excède un quarantième, ou si la déclaration est conforme au certificat de jauge. — Co. 289.

291. Si le navire est chargé à cueillette, soit au quintal, au tonneau ou à forfait, le chargeur peut retirer ses marchandises, avant le départ du navire, en payant le demi-fret. — Il supportera les frais de charge, ainsi que ceux de décharge et de rechargement des autres marchandises qu'il faudrait déplacer, et ceux du retardement. — Co. 286, 293. — C. 1382.

292. Le capitaine peut faire mettre à terre, dans le lieu du chargement, les marchandises trouvées dans son navire, si elles ne lui ont point été déclarées, ou en prendre le fret au plus haut prix qui sera payé dans le même lieu pour les marchandises de même nature. — Co. 72, 80.

293. Le chargeur qui retire ses marchandises pendant le voyage est tenu de payer le fret en entier et tous les frais de déplacement occasionnés par le déchargement : si les marchandises sont retirées pour cause des faits ou des fautes du capitaine, celui-ci est responsable de tous les frais. — Co. 216, 221, 234, 295.

294. Si le navire est arrêté au départ, pendant la route, ou au lieu de sa décharge, par le fait de l'affréteur, les frais du retardement sont dus par l'affréteur. — Si, ayant été frété pour l'aller et le retour, le navire fait son retour sans chargement ou avec un chargement incomplet, le fret entier est dû au capitaine, ainsi que l'intérêt du retardement. — Co. 288.

295. Le capitaine est tenu des dommages-intérêts envers l'affréteur, si, par son fait, le navire a été arrêté ou retardé au départ, pendant sa route, ou au lieu de sa décharge. — Ces dommages-intérêts sont réglés par des experts. — Co. 106, 221, 293, 414. — C. 1249, 1382. — Pr. 302 et s.

296. Si le capitaine est contraint de faire radouber le navire pendant le voyage, l'affréteur est tenu d'attendre, ou de payer le fret en entier. — Dans le cas où le navire ne pourrait être radoubé, le capitaine est tenu d'en louer un autre. — Si le capitaine n'a pu louer un autre navire, le fret n'est dû qu'à proportion de ce que le voyage est avancé. — Co. 241, 391.

297. Le capitaine perd son fret, et répond des dommages-intérêts de l'affréteur, si celui-ci prouve que, lorsque le navire a fait voile, il était hors d'état de naviguer. — La preuve est admissible nonobstant et contre les certificats de visite au départ. — Co. 109, 225, 389. — C. 1149, 1382.

298. (*Ainsi modifié, Loi du 14 juin 1841.*) Le fret est dû pour les marchandises que le capitaine a été contraint de vendre pour subvenir aux victuailles, radoub et autres nécessités pressantes du navire, en tenant par lui compte de leur valeur, au prix que le reste ou autre pareille marchandise de même qualité sera vendu au lieu de la décharge, si le navire arrive à bon port. — Si le navire se perd, le capitaine tiendra compte des marchandises sur le pied qu'il les aura vendues, en retenant également le fret porté aux connaissements. — Sauf, dans ces deux cas, le droit réservé aux propriétaires de navire par le paragraphe 2 de l'article 216. — Lorsque de l'exercice de ce droit résultera une perte pour ceux dont les marchandises auront été vendues ou mises en gage, elle sera répartie au marc le franc sur la valeur de ces marchandises et de toutes celles qui sont arrivées à leur destination ou qui ont été sauvées du naufrage postérieurement aux événements de mer qui ont nécessité la vente ou la mise en gage. — Co. 234, 236, 240, 258.

299. S'il arrive interdiction de commerce avec le pays pour lequel le navire est en route, et qu'il soit obligé de revenir avec son chargement, il n'est dû au capitaine que le fret de l'aller, quoique le vaisseau ait été affrété pour l'aller et le retour. — Co. 253, 276.

300. Si le vaisseau est arrêté dans le cours de son voyage par l'ordre d'une puissance, — il n'est dû aucun fret pour le temps de sa détention, si le navire est affrété au mois; ni augmentation de fret, s'il est loué au voyage. — La nourriture et les loyers de l'équipage pendant la détention du navire sont réputés avaries. — Co. 258, 275, 397 et s.

301. Le capitaine est payé du fret des marchandises jetées à la mer pour le salut commun, à la charge de contribution. — Co. 400, 410 et s.

302. Il n'est dû aucun fret pour les marchandises perdues par naufrage ou échouement, pillées par des pirates ou prises par les ennemis. — Le capitaine est tenu de restituer le fret qui lui aura été avancé, s'il n'y a convention contraire. — Co. 246, 258 et s. — C. 1134, 1148.

303. Si le navire et les marchandises sont rachetées, ou si les marchandises sont sauvées du naufrage, le capitaine est payé du fret jusqu'au lieu de la prise ou du naufrage. — Il est payé du fret entier en contribuant au rachat, s'il conduit les marchandises au lieu de leur destination. — Co. 302, 304.

304. La contribution pour le rachat se fait sur le prix courant des marchandises au lieu de leur décharge, déduction faite des frais, et sur la moitié du navire et du fret. — Les loyers des matelots n'entrent point en contribution. — Co. 258.

305. Si le consignataire refuse de recevoir les marchandises, le capitaine peut, par autorité de justice, en faire vendre pour le paiement de son fret, et faire ordonner le dépôt du surplus. — S'il y a insuffisance, il conserve son recours contre le chargeur. — Co. 93, 106, 285. — C. 1961.

306. Le capitaine ne peut retenir les marchandises dans son navire, faute de paiement de son fret : — Il peut, dans le temps de la décharge, demander le dépôt en mains tierces, jusqu'au paiement de son fret. — C. 1961.

307. Le capitaine est préféré, pour son fret, sur les marchandises de son chargement pendant quinzaine après leur délivrance, si elles n'ont passé en mains tierces. — Co. 286. — C. 2095.

308. En cas de faillite des chargeurs ou réclamateurs avant l'expiration de la quinzaine, le capitaine est privilégié sur tous les créanciers pour le paiement de son fret et des avaries qui lui sont dues. — Co. 397, 437, 551.

309. En aucun cas le chargeur ne peut demander de diminution sur le prix du fret.

310. Le chargeur ne peut abandonner pour le fret les marchandises diminuées de prix ou détériorées par leur vice propre ou par cas fortuit. — Si toutefois des futailles contenant vin, huile, miel et autres liquides, ont tellement coulé qu'elles soient vides ou presque vides, lesdites futailles pourront être abandonnées pour le fret. — Co. 216, 369 et s. — C. 1148.

TITRE IX

Des contrats à la grosse (1)

---

311. Le contrat à la grosse est fait devant notaire, ou sous signature privée. — Il énonce : — Le capital prêté et la somme convenue pour le profit maritime, — Les objets sur lesquels le prêt est affecté, — Les noms du navire et du capitaine, — Ceux du prêteur et de l'emprunteur, — Si le prêt a lieu pour un voyage, — Pour quel voyage, et pour quel temps; — L'époque du remboursement, — Co. 191, 192, 432, 633. — C. 1104, 1317, 1322, 1341 et s., 1353, 1961.

312. Tout prêteur à la grosse, en France, est tenu de faire enregistrer son contrat au greffe du tribunal de commerce, dans les dix jours de la date, à peine de perdre son privilège; — Et si le contrat est fait à l'étranger, il est soumis aux formalités prescrites à l'article 234. — Co. 191, 234.

313. Tout acte de prêt à la grosse peut être négocié par la voie de l'endossement, s'il est à ordre. — En ce cas, la négociation de cet acte a les mêmes effets et produit les mêmes actions en garantie que celle des autres effets de commerce. — Co. 136 et s., 140, 281.

314. La garantie de paiement ne s'étend pas au profit maritime, à moins que le contraire n'ait pas été expressément stipulé. — Co. 318. — C. 1134.

315. (L. 12 août 1885.) Les emprunts à la grosse ne peuvent être affectés : sur le navire et ses accessoires, sur l'armement et ses victuailles, sur le fret, sur le chargement, sur le profit espéré du chargement, sur la totalité de ces objets conjointement ou sur une partie déterminée de chacun d'eux. — Co. 191, 234, 280.

316. Tout emprunt à la grosse, fait pour une somme excédant la valeur des objets sur lesquels il est affecté, peut être déclaré nul, à la demande du prêteur, s'il est prouvé qu'il y a fraude de la part de l'emprunteur. — Co. 317, 329, 336. — C. 1116, 1117.

317. S'il n'y a fraude, le contrat est valable jusqu'à la concurrence de la valeur des effets affectés à l'emprunt, d'après l'estimation qui en est faite ou convenue. — Le surplus de la somme empruntée est remboursé avec intérêt au cours de la place. — Co. 316, 319.

318. (Abrogé, L. 12 août 1885.)

319. Nul prêt à la grosse ne peut être fait aux matelots ou gens de mer sur leurs loyers ou voyages. — Co. 250.

320. Le navire, les agrès et les apparaux, l'armement et les victuailles, même le fret acquis, sont affectés par privilège aux capital et intérêts de l'argent donné à la grosse sur le corps et quille du vaisseau. — Le chargement est également affecté aux capital et intérêts de l'argent donné à la grosse sur le chargement. — Si l'emprunt a été fait sur un objet particulier du navire ou du chargement, le privilège n'a lieu que sur l'objet et dans la proportion de la quotité affectée à l'emprunt. — Co. 191, 315.

321. Un emprunt à la grosse fait par le capitaine dans le lieu de la demeure des propriétaires du navire, sans leur autorisation authentique ou leur intervention dans l'acte, ne donne action et privilège que sur la portion que le capitaine peut avoir au navire et au fret. — Co. 191, 232, 236. — C. 1137.

322. Sont affectées aux sommes empruntées, même dans le lieu de la demeure des intéressés, pour radoub et victuailles, les parts et portions des propriétaires qui n'auraient pas fourni leur contingent pour mettre le bâtiment en état, dans les vingt-quatre heures de la sommation qui leur en sera faite. — Co. 233.

323. Les emprunts faits pour le dernier voyage du navire sont remboursés par préférence aux sommes prêtées pour un précédent voyage, quand même il serait déclaré qu'elles sont laissées par continuation ou renouvellement. — Les sommes empruntées pendant le voyage sont préférées à celles qui auraient été empruntées avant le départ du navire; et s'il y a plusieurs emprunts faits pendant le même voyage, le dernier emprunt sera toujours préféré à celui qui l'aura précédé. — Co. 191, 194.

324. Le prêteur à la grosse sur marchandises chargées dans un navire désigné au contrat ne supporte pas la perte des marchandises, même par fortune de mer, si elles ont été chargées sur un autre navire, à moins qu'il ne soit légalement constaté que ce chargement a eu lieu par force majeure. — Co. 241, 296. — C. 1148, 1302.

325. Si les effets sur lesquels le prêt à la grosse a eu lieu entièrement perdus, et que la perte soit arrivée par cas fortuit, dans le temps et dans le lieu des risques, la somme prêtée ne peut être réclamée. — Co. 216, 221, 324. — C. 1104, 1961.

326. Les déchets, diminutions et pertes qui arrivent par le vice propre de la chose, et les dommages causés par le fait de l'emprunteur, ne sont point à la charge du prêteur. — Co. 103. — C. 1382.

327. En cas de naufrage, le paiement des sommes empruntées à la grosse est réduit à la valeur des effets sauvés et affectés au contrat, déduction faite des frais de sauvetage. — Co. 259, 331, 350, 369, 386.

---

(1) L. 10 décembre 1874, art. 27; L. 10 juillet 1885, art. 39.

328. Si le temps des risques n'est point déterminé par le contrat, il court à l'égard du navire, des agrès, apparaux, armement et victuailles, du jour que le navire a fait voile, jusqu'au jour où il est ancré ou amarré au port ou au lieu de sa destination. — A l'égard des marchandises, le temps des risques court du jour qu'elles ont été chargées dans le navire, ou dans les gabares pour les y porter, jusqu'au jour où elles sont délivrées à terre. — Co. 215, 250, 341.

329. Celui qui emprunte à la grosse sur des marchandises n'est point libéré par la perte du navire et du chargement, s'il ne justifie qu'il y avait, pour son compte, des effets jusqu'à la concurrence de la somme empruntée. — Co. 316, 324 et s.

330. Les prêteurs à la grosse contribuent, à la décharge des emprunteurs, aux avaries communes. — Les avaries simples sont aussi à la charge des prêteurs, s'il n'y a convention contraire. — Co. 397 et s.

331. S'il y a contrat à la grosse et assurance sur le même navire ou sur le même chargement, le produit des effets sauvés du naufrage est partagé entre le prêteur à la grosse, *pour son capital seulement*, et l'assureur, pour les sommes assurées, au marc le franc de leur intérêt respectif, sans préjudice des privilèges établis à l'article 191. — Co. 259, 327, 417.

TITRE X

Des assurances (1)

SECTION PREMIÈRE

DU CONTRAT D'ASSURANCE, DE SA FORME ET DE SON OBJET

332. Le contrat d'assurance est rédigé par écrit. — Il est daté du jour auquel il est souscrit. — Il y est énoncé si c'est avant ou après midi. — Il peut être fait sous signature privée. — Il ne peut contenir aucun blanc. — Il exprime : — Le nom et le domicile de celui qui fait assurer, sa qualité de propriétaire ou de commissionnaire ; — Le nom et la désignation du navire, — Le nom du capitaine, — Le lieu où les marchandises ont été ou doivent être chargées, — Le port d'où ce navire a dû ou doit partir, — Les ports ou rades dans lesquels il doit charger ou décharger, — Ceux dans lesquels il doit entrer, — La nature et la valeur ou l'estimation des marchandises ou objets que l'on fait assurer, — Les temps auxquels les risques doivent commencer et finir, — La somme assurée, — La prime ou le coût de l'assurance, — La soumission des parties aux arbitres, en cas de contestation, si elle a été convenue, — Et généralement toutes les autres conditions dont les parties sont convenues. — Co. 79, 81, 192, 333 et s., 432, 435 et s., 633. — C. 1104, 1217, 1322, 1964.

333. La même police peut contenir plusieurs assurances, soit à raison des marchandises, soit à raison du taux de la prime, soit à raison de différents assureurs. — Co. 335, 361.

334. (*Loi du 12 août 1885*). Toute personne intéressée peut faire assurer le navire et ses accessoires, les frais d'armement, les victuailles, les loyers des

(1) LL. 5 juin 1850, 23 août 1871, art 6-10.

gens de mer, le fret net, les sommes prêtées à la grosse et le profit maritime, les marchandises chargées à bord et le profit espéré de ces marchandises, le coût de l'assurance et généralement toutes choses estimables à prix d'argent sujettes aux risques de la navigation. — Toute assurance cumulative est interdite. — Dans tous les cas d'assurances cumulatives, s'il y a eu dol ou fraude de la part de l'assuré, l'assurance est nulle à l'égard de l'assuré seulement ; s'il n'y a eu ni dol ni fraude, l'assurance sera réduite de toute la valeur de l'objet deux fois assuré. S'il y a eu deux ou plusieurs assurances successives, la réduction portera sur la plus récente. — Co. 191, 192, 343, 347, 355.

335. L'assurance peut être faite sur le tout ou sur une partie desdits objets conjointement ou séparément. — Elle peut être faite en temps de paix ou en temps de guerre, avant ou pendant le voyage du vaisseau. — Elle peut être faite pour l'aller et le retour, ou seulement pour l'un des deux, pour le voyage entier ou pour un temps limité ; — Pour tous voyages et transports par mer, rivières et canaux navigables. — Co. 334, 356 et s.

336. En cas de fraude dans l'estimation des effets assurés, en cas de supposition ou de falsification, l'assureur peut faire procéder à la vérification et estimation des objets, sans préjudice de toutes autres poursuites, soit civiles, soit criminelles. — Co. 316, 348, 357 et s., 380. — C. 1116 et s. — Pr. 302 et s.

337. Les chargements faits aux échelles du Levant, aux côtes d'Afrique et autres parties du monde, pour l'Europe, peuvent être assurés, sur quelque navire qu'ils aient lieu, sans désignation du navire ni du capitaine. — Les marchandises elles-mêmes peuvent, en ce cas, être assurées sans désignation de leur nature ou espèce. — Mais la police doit indiquer celui à qui l'expédition est faite ou doit être consignée, s'il n'y a convention contraire dans la police d'assurance. — Co. 332. — C. 1134.

338. Tout effet dont le prix est stipulé dans le contrat en monnaie étrangère est évalué au prix que la monnaie stipulée vaut en monnaie de France, suivant le cours à l'époque de la signature de la police. — Co. 72, 113.

339. Si la valeur des marchandises n'est point fixée par le contrat, elle peut être justifiée par les factures ou par les livres ; à défaut, l'estimation en est faite suivant le prix courant au temps et au lieu du chargement, y compris tous les droits payés et les frais faits jusqu'à bord. — Co. 109.

340. Si l'assurance est faite sur le retour d'un pays où le commerce ne se fait que par troc, et que l'estimation des marchandises ne soit faite par la police, elle sera réglée sur le pied de la valeur de celles qui ont été données en échange, en y joignant les frais de transport. — Co. 332.

341. Si le contrat d'assurance ne règle point le temps des risques, les risques commencent et finissent dans le temps réglé par l'article 328 pour les contrats à la grosse. — Co. 332.

342. L'assureur peut faire réassurer par d'autres les effets qu'il a assurés. — L'assuré peut faire assurer le coût de l'assurance. — La prime de réassurance peut être moindre ou plus forte que celle de l'assurance. — Co. 334, 347.

343. L'augmentation de prime qui aura été stipulée en temps de paix pour le temps de guerre qui pourrait survenir, et dont la quotité n'aura pas été déterminée par les contrats d'assurance, est réglée par les tribunaux, en ayant égard aux risques, aux circonstances et aux stipulations de chaque police d'assurance.

344. En cas de perte des marchandises assurées, et chargées pour le compte du capitaine sur le vaisseau qu'il commande, le capitaine est tenu de justifier aux assureurs l'achat des marchandises, et d'en fournir un connaissement signé par deux des principaux de l'équipage. — Co. 222, 281.

345. Tout homme de l'équipage et tout passager qui apportent des pays étrangers des marchandises assurées en France sont tenus d'en laisser un connaissement dans les lieux où le chargement s'effectue, entre les mains du consul de France, et, à défaut, entre les mains d'un Français notable négociant, ou du magistrat du lieu. — Co. 281 et s.

346. Si l'assureur tombe en faillite lorsque le risque n'est pas encore fini, l'assuré peut demander caution, ou la résiliation du contrat. L'assureur a le même droit en cas de faillite de l'assuré. — Co. 437 et s., 443 et s. — C. 1184, 1188, 2040, 2041. — Pr. 517 et s.

347. (*Loi du 12 août 1885*). Le contrat d'assurance est nul, s'il a pour objet les sommes empruntées à la grosse. — Co. 334, 342, 365. — C. 6.

348. Toute réticence, toute fausse déclaration de la part de l'assuré, toute différence entre le contrat d'assurance et le connaissement, qui diminueraient l'opinion du risque ou en changeraient le sujet, annulent l'assurance. — L'assurance est nulle, même dans le cas où la réticence, la fausse déclaration ou la différence n'auraient pas influé sur le dommage ou la perte de l'objet assuré. — Co. 357 et s., 380. — Pr. 405.

SECTION II

DES OBLIGATIONS DE L'ASSUREUR ET DE L'ASSURÉ

349. Si le voyage est rompu avant le départ du vaisseau, même par le fait de l'assuré, l'assurance est annulée ; l'assureur reçoit, à titre d'indemnité, demi pour cent de la somme assurée. — Co. 252, 288, 332, 633.

350. Sont aux risques des assureurs toutes pertes et dommages qui arrivent aux objets assurés, par *tempête, naufrage, échouement, abordage fortuit,* changements forcés de route, de voyage ou de vaisseau, par jet, feu, prise, pillage, arrêt par ordre de puissance, déclaration de guerre, représailles, et généralement par toutes les autres fortunes de mer. — Co. 328, 351 et s., 397, 435.

351. Tout changement de route, de voyage ou de vaisseau, et toutes pertes et dommages provenant du fait de l'assuré, ne sont point à la charge de l'assureur ; et même la prime lui est acquise s'il a commencé à courir les risques. — Co. 349, 352 et s., 361, 364, 391 et s.

352. Les déchets, diminutions et pertes qui arrivent par le vice propre de la chose, et les dommages causés par le fait et faute des propriétaires, affréteurs ou chargeurs, ne sont point à la charge des assureurs. — Co. 350.

353. L'assureur n'est point tenu des prévarications et fautes du capitaine et de l'équipage, connues sous le nom de *baraterie de patron*, s'il n'y a convention contraire. — Co. 216, 221.

354. L'assureur n'est point tenu du pilotage, touage et lamanage, ni d'aucune espèce de droits imposés sur le navire et les marchandises.

355. Il sera fait désignation, dans la police, des marchandises sujettes, par leur nature, à détérioration particulière ou diminution, comme blés ou sels, ou marchandises susceptibles de coulage ; sinon les assureurs ne répondront point des dommages ou pertes qui pourraient arriver à ces mêmes denrées, si ce n'est toutefois que l'assuré eût ignoré la nature du chargement lors de la signature de la police. — Co. 332, 369.

356. Si l'assurance a pour objet des marchandises pour l'aller et le retour, et si, le vaisseau étant parvenu à sa première destination, il ne se fait point de chargement en retour, ou si le chargement en retour n'est pas complet, l'assureur reçoit seulement les deux tiers proportionnels de la prime convenue, s'il n'y a stipulation contraire.

357. Un contrat d'assurance ou de réassurance consenti pour une somme excédant la valeur des effets chargés est nul à l'égard de l'assuré seulement, s'il est prouvé qu'il y a dol ou fraude de sa part. — Co. 332, 336, 359, 380. — C. 1116.

358. S'il n'y a ni dol ni fraude, le contrat est valable jusqu'à concurrence de la valeur des effets chargés, d'après l'estimation qui en est faite ou convenue. — En cas de perte, les assureurs sont tenus d'y contribuer chacun à proportion des sommes par eux assurées. — Ils ne reçoivent pas la prime de cet excédent de valeur, mais seulement l'indemnité de demi pour cent. — Co. 359 et s., 401.

359. S'il existe plusieurs contrats d'assurances faits sans fraude sur le même chargement, et que le premier contrat assure l'entière valeur des effets chargés, il subsistera seul. — Les assureurs qui ont signé les contrats subséquents sont libérés ; ils ne reçoivent que demi pour cent de la somme assurée. — Si l'entière valeur des effets chargés n'est pas assurée par le premier contrat, les assureurs qui ont signé les contrats subséquents répondent de l'excédent en suivant l'ordre de la date des contrats. — Co. 335, 379.

360. S'il y a des effets chargés pour le montant des sommes assurées, en cas de perte d'une partie, elle sera payée par tous les assureurs des effets, au marc le franc de leur intérêt. — Co. 358, 401.

361. Si l'assurance a lieu divisément pour des marchandises qui doivent être chargées sur plusieurs vaisseaux désignés, avec énonciation de la somme assurée sur chacun, et si le chargement entier est mis sur un seul vaisseau, ou sur un moindre nombre qu'il n'en est désigné dans le contrat, l'assureur n'est tenu que de la somme qu'il a assurée sur le vaisseau ou sur les vaisseaux qui ont reçu le chargement, nonobstant la perte de tous les vaisseaux désignés ; et il recevra néanmoins demi pour cent des sommes dont les assurances se trouvent annulées. — Co. 347, 351, 391 et s.

362. Si le capitaine a la liberté d'entrer dans différents ports pour compléter ou échanger son chargement, l'assureur ne court les risques des effets assurés que lorsqu'ils sont mis à bord, s'il n'y a convention contraire. — Co. 332.

363. Si l'assurance est faite pour un temps limité, l'assureur est libre après l'expiration du temps, et l'assuré peut faire assurer les nouveaux risques.

364. L'assureur est déchargé des risques, et la prime lui est acquise, si l'assuré envoie le vaisseau en un lieu plus éloigné que celui qui est désigné par le contrat, quoique sur la même route. — L'assurance a son entier effet si le voyage est raccourci. — Co. 361, 391 et s.

365. Toute assurance faite après la perte ou l'arrivée des objets assurés est nulle, s'il y a présomption qu'avant la signature du contrat l'assuré a pu être informé de la perte, ou l'assureur de l'arrivée des objets assurés. — Co. 318, 366 et s. — C. 1131.

366. La présomption existe, si, en comptant trois quarts de myriamètre par heure, sans préjudice des autres preuves, il est établi que de l'endroit de l'arrivée ou de la perte du vaisseau ou du lieu où la première nouvelle est arrivée, elle a pu être portée dans le lieu où le contrat d'assurance a été passé, avant la signature du contrat. — Co. 368. — C. 1350, 1352.

367. Si cependant l'assurance est faite sur bonnes ou mauvaises nouvelles, la présomption mentionnée dans les articles précédents n'est point admise. — Le contrat n'est annulé que sur la preuve que l'assuré savait la perte, l'assureur l'arrivée du navire, avant la signature du contrat.

368. En cas de preuve contre l'assuré, celui-ci paie à l'assureur une double prime. — En cas de preuve contre l'assureur, celui-ci paie à l'assuré une somme double de la prime convenue. — Celui d'entre eux contre qui la preuve est faite est poursuivi correctionnellement. — Co. 109, 367. — C. 1348, 1353.

SECTION III
DU DÉLAISSEMENT

369. Le délaissement des objets assurés peut être fait : — En cas de prise, — De naufrage, — D'échouement avec bris, — D'innavigabilité par fortune de mer, — En cas d'arrêt d'une puissance étrangère, — En cas de perte ou détérioration des effets assurés, si la détérioration ou la perte va au moins à trois quarts. — Il peut être fait, en cas d'arrêt de la part du gouvernement, après le voyage commencé. — Co. 216, 370, 372 et s., 381, 387 et s.

370. Il ne peut être fait avant le voyage commencé. — Co. 297, 369.

371. Tous autres dommages sont réputés avaries, et se règlent, entre les assureurs et les assurés, à raison de leurs intérêts. — Co. 397 et s., 435 et s.

372. Le délaissement des objets assurés ne peut être partiel ni conditionnel. — Il ne s'étend qu'aux effets qui sont l'objet de l'assurance et du risque. — Co. 332, 350.

373. (*Loi du 3 mai 1862*). Le délaissement doit être fait aux assureurs dans le terme de six mois à partir du jour de la réception de la nouvelle de la perte arrivée aux ports ou côtes d'Europe, ou sur celles d'Asie et d'Afrique, dans la Méditerranée, ou bien, en cas de prise, de la réception de celle de la conduite du navire dans l'un des ports ou lieux situés aux côtes ci-dessus mentionnées ; — Dans le délai d'un an après la réception de la nouvelle ou de la perte arrivée ou de la prise conduite en Afrique en deçà du cap de Bonne-Espérance, ou en Amérique en deçà du cap Horn ; — Dans le délai de dix-huit mois après la nouvelle des pertes arrivées ou des prises conduites dans toutes les autres parties du monde ; — Et, ces délais passés, les assurés ne seront plus recevables à faire le délaissement. — Co. 375, 379, 413, 431.

374. Dans le cas ou le délaissement peut être fait, et dans le cas de tous les autres accidents au risque des assureurs, l'assuré est tenu de signifier à l'assureur les avis qu'il a reçus. — La signification doit être faite dans les trois jours de la réception de l'avis.— Co. 378, 387, 390. — Pr. 368, 1033.

375. (*Loi du 3 mai 1862*). Si, après six mois expirés, à compter du jour du départ du navire ou du jour auquel se rapportent les dernières nouvelles reçues,

pour les voyages ordinaires ; — Après un an, pour les voyages de long cours, — L'assuré déclare n'avoir reçu aucune nouvelle de son navire, il peut faire le délaissement à l'assureur et demander le paiement de l'assurance, sans qu'il soit besoin de l'attestation de sa perte. Après l'expiration des six mois ou de l'an, l'assuré a, pour agir, les délais établis par l'article 373.— C. 377.

376. Dans les cas d'une assurance pour temps limité, après l'expiration des délais établis comme ci-dessus pour les voyages ordinaires et pour ceux de long cours, la perte du navire est présumée arrivée dans le temps de l'assurance. — Co. 373, 375. — C. 1350, 1352.

377. (*Ainsi modifié, L. 14 juin 1854.*) Sont réputés voyages de long cours ceux qui se font au delà des limites ci-après déterminées : — Au sud, le 30e degré de latitude nord ; — Au nord, le 72e degré de latitude nord ; — A l'ouest, le 15e degré de longitude du méridien de Paris ; — A l'est, le 44e degré de longitude du méridien de Paris (1). — Co. 375.

378. L'assuré peut, par la signification mentionnée en l'article 374, ou faire le délaissement avec sommation à l'assureur de payer la somme assurée dans le délai fixé par le contrat, ou se réserver de faire le délaissement dans les délais fixés par la loi. — Co. 374.

379. L'assuré est tenu, en faisant le délaissement, de déclarer toutes les assurances qu'il a faites ou fait faire, même celles qu'il a ordonnées, et l'argent qu'il a pris à la grosse, soit sur le navire, soit sur les marchandises ; faute de quoi, le délai du paiement, qui doit commencer à courir du jour du délaissement, sera suspendu jusqu'au jour où il fera notifier ladite déclaration, sans qu'il en résulte aucune prorogation du délai établi pour former l'action en délaissement.— Co. 359, 373.

380. En cas de déclaration frauduleuse, l'assuré est privé des effets de l'assurance ; il est tenu de payer les sommes empruntées nonobstant la perte ou la prise du navire. — Co. 336, 337.

381. En cas de naufrage ou d'échouement avec bris, l'assuré doit, sans préjudice du délaissement à faire en temps et lieu, travailler au recouvrement des effets naufragés. — Sur son affirmation, les frais de recouvrement lui sont alloués jusqu'à concurrence de la valeur des effets recouvrés. — Co. 393. — C. 2102.

382. Si l'époque du paiement n'est point fixée par le contrat, l'assureur est tenu de payer l'assurance trois mois après la signification du délaissement. — Co. 373. — Pr. 1033.

383. Les actes justificatifs du chargement et de la perte sont signifiés à l'assureur avant qu'il puisse être poursuivi pour le paiement des sommes assurées. — Co. 222, 246 et s.

384. L'assureur est admis à la preuve des faits contraires à ceux qui sont consignés dans les attestations. — L'admission à la preuve ne suspend pas les condamnations de l'assureur au paiement provisoire de la somme assurée, à la charge par l'assuré de donner caution.— L'engagement de la caution est éteint après quatre années révolues, s'il n'y a pas eu de poursuite. — Co. 346, 383.— C. 2040, 2041, 2244. — Pr. 517 et s.

385. Le délaissement signifié, et accepté ou jugé valable, les effets assurés appartiennent à l'assureur, à partir de l'époque du délaissement. — L'assureur ne peut, sous prétexte de retour du navire, se dispenser de payer la somme assurée. — Co. 383.

386. (*Abrogé, L. 12 août 1895.*)

387. En cas d'arrêt de la part d'une puissance, l'as-

(1) V. Loi 30 janvier 1893, art. 1.

suré est tenu de faire la signification à l'assureur, dans les trois jours de la réception de la nouvelle. — Le délaissement des objets arrêtés ne peut être fait qu'après un délai de six mois de la signification, si l'arrêt a eu lieu dans les mers d'Europe, dans la Méditerranée ou dans la Baltique ; — Qu'après le délai d'un an, si l'arrêt a eu lieu dans des pays plus éloignés. — Ces délais ne courent que du jour de la signification de l'arrêt. — Dans le cas où les marchandises seraient périssables, les délais ci-dessus mentionnés sont réduits à un mois de premier cas, et à trois mois pour le second cas. — Co. 369, 373 et s., 390.— Pr. 68, 1033.

388. Pendant les délais portés par l'article précédent, les assurés sont tenus de faire toutes diligences qui peuvent dépendre d'eux, à l'effet d'obtenir la mainlevée des effets arrêtés. — Pourront, de leur côté, les assureurs, ou de concert avec les assurés ou séparément, faire toutes démarches à même fin. — Co. 237, 297.

389. Le délaissement à titre d'innavigabilité ne peut être fait, si le navire échoué peut être relevé, réparé, et mis en état de continuer sa route pour le lieu de sa destination. — Dans ce cas, l'assuré conserve son recours sur les assureurs, pour les frais et avaries occasionnés par l'échouement. — Co. 237, 297, 369 et s., 400.

390. Si le navire a été déclaré innavigable, l'assuré sur le chargement est tenu d'en faire la notification dans le délai de trois jours de la réception de la nouvelle. — Co. 369, 374. — Pr. 68, 1033.

391. Le capitaine est tenu, dans ce cas, de faire toutes diligences pour se procurer un autre navire à l'effet de transporter les marchandises au lieu de leur destination. — Co. 238, 241, 296, 392 et s.

392. L'assureur court les risques des marchandises chargées sur un autre navire, dans le cas prévu par l'article précédent, jusqu'à leur arrivée et leur déchargement. — Co. 350 et s., 361.

393. L'assureur est tenu, en outre des avaries, frais de déchargement, magasinage, rembarquement, de l'excédent du fret, et de tous autres frais qui auront été faits pour sauver les marchandises, jusqu'à concurrence de la somme assurée. — Co. 350, 381, 387, 409.

394. Si, dans les délais prescrits par l'article 387, le capitaine n'a pu trouver de navire pour recharger les marchandises et les conduire au lieu de leur destination, l'assuré peut en faire le délaissement.— Co. 369, 391.

395. En cas de prise, si l'assuré n'a pu en donner avis à l'assureur, il peut racheter les effets sans attendre son ordre. — L'assuré est tenu de signifier à l'assureur la composition qu'il aura faite, aussitôt qu'il en aura les moyens. — Co. 369, 396, 400.

396. L'assureur a le choix de prendre la composition à son compte, ou d'y renoncer : il est tenu de notifier son choix à l'assuré, dans les vingt-quatre heures qui suivent la signification de la composition. — S'il déclare prendre la composition à son profit, il est tenu de contribuer, sans délai, au paiement du rachat dans les termes de la convention, et à proportion de son intérêt ; et il continue de courir les risques du voyage, conformément au contrat d'assurance. — S'il déclare renoncer au profit de la composition, il est tenu au paiement de la somme assurée, sans pouvoir rien prétendre aux effets rachetés. — Lorsque l'assureur n'a pas notifié son choix dans le délai susdit, il est censé avoir renoncé au profit de la composition. — Co. 332, 395.

TITRE XI
Des avaries

397. — Toutes dépenses extraordinaires faites pour le navire et les marchandises, conjointement ou séparément, — Tout dommage qui arrive au navire ou aux marchandises, depuis leur chargement et départ jusqu'à leur retour et déchargement, — Sont réputés avaries. — Co. 300, 308, 330, 350 et s., 371, 393, 399 et s., 435 et s.

398. A défaut de conventions spéciales entre toutes les parties, les avaries sont réglées conformément aux dispositions ci-après.

399. Les avaries sont de deux classes, avaries grosses ou communes, et avaries simples ou particulières. — Co. 403.

400. Sont avaries communes, — 1° Les choses données par composition et à titre de rachat du navire et des marchandises; — 2° Celles qui sont jetées à la mer; — 3° Les câbles ou mâts rompus ou coupés; — 4° Les ancres et autres effets abandonnés pour le salut commun — 5° Les dommages occasionnés par le jet aux marchandises restées dans le navire; — 6° Les pansement et nourriture des matelots blessés en défendant le navire, les loyers et nourriture des matelots pendant la détention, quand le navire est arrêté en voyage par ordre d'une puissance, et pendant les réparations des dommages volontairement soufferts pour le salut commun, si le navire est affrété au mois; — 7° Les frais du déchargement pour alléger le navire et entrer dans un havre ou dans une rivière, quand le navire est contraint de le faire par tempête ou par la poursuite de l'ennemi; — 8° Les frais faits pour remettre à flot le navire échoué, dans l'intention d'éviter la perte totale ou prise; — Et, en général, les dommages soufferts volontairement et les dépenses faites d'après délibérations motivées, pour le bien et salut commun du navire et des marchandises, depuis leur chargement et départ jusqu'à leur retour et déchargement. — Co. 220, 234, 263, 308, 330, 358, 360, 371, 389, 404, 410.

401. Les avaries communes sont supportées par les marchandises et par la moitié du navire et du fret, au marc le franc de la valeur. — Co. 400, 408.

402. Le prix des marchandises est établi par leur valeur au lieu du déchargement. — Co. 72, 106 et s., 414.

403. Sont avaries particulières : — 1° Le dommage arrivé aux marchandises par leur vice propre, par tempête, prise, naufrage ou échouement; — 2° Les frais faits pour les sauver; — 3° La perte des câbles, ancres, voiles, mâts, cordages, causée par tempête ou autre accident de mer; — Les dommages résultant de toutes relâches occasionnées soit par la perte fortuite de ces objets, soit par le besoin d'avitaillement, soit par la voie d'eau à réparer; — 4° La nourriture et le loyer des matelots pendant la détention, quand le navire est arrêté en voyage par ordre d'une puissance, et pendant les réparations qu'on est obligé d'y faire, si le navire est affrété au voyage; — 5° La nourriture et le loyer des matelots pendant la quarantaine, que le navire soit loué au voyage ou au mois; — Et, en général, les dépenses faites et le dommage souffert pour le navire seul, ou pour les marchandises seules, depuis leur chargement et départ jusqu'à leur retour et déchargement.— Co. 277, 300, 350, 399, 404, 408. — C. 1302.

404. Les avaries particulières sont supportées et

payées par le propriétaire de la chose qui a essuyé le dommage ou occasionné la dépense. — Co. 401, 403, 410.

405. Les dommages arrivés aux marchandises, faute par le capitaine d'avoir bien fermé les écoutilles, amarré le navire, fourni de bons guindages, et par tous autres accidents provenant de la négligence du capitaine ou de l'équipage, sont également des avaries particulières supportées par le propriétaire des marchandises, mais pour lesquelles il a son recours contre le capitaine, le navire et le fret. — Co. 216, 221, 435 et s.

406. Les lamanages, touages, pilotages, pour entrer dans les havres ou rivières, ou pour en sortir, les droits de congés, visites, rapports, tonnes, balises, ancrages et autres droits de navigation, ne sont point avaries; mais ils sont de simples frais à la charge du navire.

407. En cas d'abordage de navires, si l'événement a été purement fortuit, le dommage est supporté, sans répétition, par celui des navires qui l'a éprouvé. — Si l'abordage a été fait par la faute de l'un des capitaines, le dommage est payé par celui qui l'a causé. — S'il y a doute dans les causes de l'abordage, le dommage est réparé à frais communs, et par égale portion, par les navires qui l'ont fait et souffert.— Dans ces deux derniers cas, l'estimation du dommage est faite par experts. — Co. 106, 216, 221, 350, 414, 435. — Pr. 302 et s.

408. Une demande pour avarie n'est point recevable, si l'avarie commune n'excède pas un pour cent de la valeur cumulée du navire et des marchandises, et si l'avarie particulière n'excède pas aussi un pour cent de la valeur de la chose endommagée. — Co. 400, 403.

409. La clause *franc d'avaries* affranchit les assureurs de toutes avaries, soit communes, soit particulières, excepté dans les cas qui donnent ouverture au délaissement; et, dans ces cas, les assurés ont l'option entre le délaissement et l'exercice d'action d'avarie.— Co. 369, 371.

TITRE XII
Du jet et de la contribution

410. Si, par tempête ou par la chasse de l'ennemi, le capitaine se croit obligé, pour le salut du navire, de jeter en mer une partie de son chargement, de couper ses mâts ou d'abandonner ses ancres, il prend l'avis des intéressés au chargement qui se trouvent dans le vaisseau, et des principaux de l'équipage. — S'il y a diversité d'avis, celui du capitaine et des principaux de l'équipage est suivi. — Co. 220, 241, 301, 408.

411. Les choses les moins nécessaires, les plus pesantes et de moindre prix, sont jetées les premières, et ensuite les marchandises du premier pont, au choix du capitaine, et par l'avis des principaux de l'équipage.— Co. 241.

412. Le capitaine est tenu de rédiger par écrit la délibération, aussitôt qu'il en a les moyens. — La délibération exprime : — Les motifs qui ont déterminé le jet, — Les objets jetés ou endommagés. — Elle présente la signature des délibérants, ou les motifs de leur refus de signer. — Elle est transcrite sur le registre. — Co. 224, 242, 246 et s.

413. Au premier port où le navire abordera, le capitaine est tenu, dans les vingt-quatre heures de son arrivée, d'affirmer les faits contenus dans la délibération transcrite sur le registre. — Co. 246 et s., 412.

414. L'état des pertes et dommages est fait dans le lieu du déchargement du navire, à la diligence du capitaine et par experts. — Les experts sont nommés par le tribunal de commerce, si le déchargement se fait dans un port français. — Dans les lieux où il n'y a pas de tribunal de commerce, les experts sont nommés par le juge de paix. — Ils sont nommés par le consul de France et, à son défaut, par le magistrat du lieu, si la décharge se fait dans un port étranger. — Les experts prêtent serment avant d'opérer. — Co. 106. — Pr. 302 et s.

415. Les marchandises jetées sont estimées suivant le prix courant au lieu du déchargement; leur qualité est constatée par la production des connaissements, et des factures s'il y en a. — Co. 109, 281, 418, 420.

416. Les experts nommés en vertu de l'article précédent font la répartition des pertes et dommages. — La répartition est rendue exécutoire par l'homologation du tribunal. — Dans les ports étrangers, la répartition est rendue exécutoire par le consul de France, ou, à son défaut, par tout tribunal compétent sur les lieux. — Co. 414, 417 et s.

417. La répartition pour le paiement des pertes et dommages est faite sur les effets jetés et sauvés, et sur moitié du navire et du fret, à proportion de leur valeur au lieu du déchargement. — Co. 327, 331, 419 et s.

418. Si la qualité des marchandises a été déguisée par le connaissement, et qu'elles se trouvent d'une plus grande valeur, elles contribuent sur le pied de leur estimation, si elles sont sauvées; — Elles sont payées d'après la qualité désignée par le connaissement, si elles sont perdues. — Si les marchandises déclarées sont d'une qualité inférieure à celle qui est indiquée par le connaissement, elles contribuent d'après la qualité indiquée par le connaissement, si elles sont sauvées; — Elles sont payées sur le pied de leur valeur, si elles sont jetées ou endommagées. — Co. 222, 281, 415.

419. Les munitions de guerre et de bouche, et les hardes des gens de l'équipage, ne contribuent point au jet; la valeur de celles qui auront été jetées sera payée par contribution sur tous les autres effets.

420. Les effets dont il n'y a pas de connaissement ou déclaration du capitaine ne sont pas payés s'ils sont jetés; ils contribuent s'ils sont sauvés. — Co. 222, 281.

421. Les effets chargés sur le tillac du navire contribuent s'ils sont sauvés. — S'ils sont jetés, ou endommagés par le jet, le propriétaire n'est point admis à former une demande en contribution : il ne peut exercer son recours que contre le capitaine. — Co. 229.

422. Il n'y a lieu à contribution pour raison du dommage arrivé au navire que dans le cas où le dommage a été fait pour faciliter le jet.

423. Si le jet ne sauve le navire, il n'y a lieu à aucune contribution. — Les marchandises sauvées ne sont point tenues du paiement ni du dédommagement de celles qui ont été jetées ou endommagées. — Co. 427.

424. Si le jet sauve le navire, et si le navire, en continuant sa route, vient à se perdre, les effets sauvés contribuent au jet sur le pied de leur valeur, en l'état où ils se trouvent, déduction faite des frais de sauvetage. — C. 2102.

425. Les effets jetés ne contribuent en aucun cas

au paiement des dommages arrivés depuis le jet aux marchandises sauvées. — Les marchandises ne contribuent point au paiement du navire perdu, ou réduit à l'état d'innavigabilité. — Co. 246, 369, 389.

426. Si, en vertu d'une délibération, le navire a été ouvert pour en extraire les marchandises, elles contribuent à la réparation du dommage causé au navire. — Co. 220, 241, 410 et s.

427. En cas de pertes des marchandises mises dans les barques pour alléger le navire entrant dans un port ou une rivière, la répartition en est faite sur le navire et son chargement en entier. — Si le navire périt avec le reste de son chargement, il n'est fait aucune répartition sur les marchandises mises dans les allèges, quoiqu'elles arrivent à bon port. — Co. 423.

428. Dans tous les cas ci-dessus exprimés, le capitaine et l'équipage sont privilégiés sur les marchandises ou le prix en provenant pour le montant de la contribution. — Co. 191, 221, 250, 259, 271. — C. 2095 et s.

429. Si, depuis la répartition, les effets jetés sont recouvrés par les propriétaires, ils sont tenus de rapporter au capitaine et aux intéressés ce qu'ils ont reçu dans la contribution, déduction faite des dommages causés par le jet et des frais de recouvrement.

TITRE XIII

Des prescriptions

430. Le capitaine ne peut acquérir la propriété du navire par voie de prescription. — C. 2229 et s., 2236, 2262.

431. L'action en délaissement est prescrite dans les délais exprimés par l'article 373. — Co. 310. — C. 2219.

432. Toute action dérivant d'un contrat à la grosse ou d'une police d'assurance est prescrite après cinq ans, à compter de la date du contrat. — Co. 311 et s., 332 et s., 434.

433. Sont prescrites : — Toute action de payement pour fret de navire, gages et loyers des officiers, matelots et autres gens de l'équipage, un an après le voyage fini; — Pour nourriture fournie aux matelots par l'ordre du capitaine, un an après la livraison; — Pour fournitures de bois et autres choses nécessaires aux constructions, équipement et avitaillement du navire, un an après ces fournitures faites; — Pour salaires d'ouvriers, et pour ouvrages faits, un an après la réception des ouvrages; — Toute demande en délivrance de marchandises, un an après l'arrivée du navire. — Co. 108, 250, 272, 286.

434. La prescription ne peut avoir lieu, s'il y a cédule, obligation, arrêté de compte ou interpellation judiciaire. — C. 2244, 2248, 2274.

TITRE XIV

Fins de non-recevoir

435. Sont non recevables : — Toutes actions contre le capitaine et les assureurs, pour dommage arrivé à la marchandise, si elle a été reçue sans protestation; — Toutes actions contre l'affréteur, pour avaries, si le capitaine a livré la marchandise et reçu son fret sans avoir protesté; — (*L. 24 mars 1891.*) Ces protestations sont nulles si elles ne sont faites et signifiées dans les vingt-quatre heures et si, dans le mois de leur date, elles ne sont suivies d'une demande en justice. — Co. 221 et s., 286, 397 et s.

436. (*L. 24 mars 1891.*) Toutes actions en indemnité pour dommage provenant d'abordage sont non recevables si elles n'ont été intentées dans le délai d'un an à compter du jour de l'abordage.

LIVRE TROISIÈME

DES FAILLITES ET BANQUEROUTES

TITRE PREMIER

De la Faillite (1)

DISPOSITIONS GÉNÉRALES

437. Tout commerçant qui cesse ses paiements est en état de faillite (1). — La faillite d'un commerçant

(1) *L. 4 mars 1889, portant modification à la législation des faillites.*

peut être déclarée après son décès, lorsqu'il est mort en état de cessation de paiements. — La déclaration de la faillite ne pourra être, soit prononcée d'office, soit demandée par les créanciers, que dans l'année qui suivra le décès. — Co. 440 et s., 614, 635. — C. 1632, 1633.

CHAPITRE PREMIER

De la déclaration de Faillite et de ses effets

438. Tout failli sera tenu, dans les quinze jours de

la cessation de ses paiements, d'en faire la déclaration au greffe du tribunal de commerce de son domicile. Le jour de la cessation de payements sera compris dans les quinze jours. — En cas de faillite d'une société en nom collectif, la déclaration contiendra le nom et l'indication du domicile de chacun des associés solidaires. Elle sera faite au greffe du tribunal dans le ressort duquel se trouve le siège du principal établissement de la société. — Co. 20 et s., 456, 458, 586. — C. 102. — Pr. 59.

439. La déclaration du failli devra être accompagnée du dépôt du bilan, ou contenir l'indication des motifs qui empêcheraient le failli de le déposer. Le bilan contiendra l'énumération et l'évaluation de tous les biens mobiliers et immobiliers du débiteur, l'état des dettes actives et passives, le tableau des profits et pertes, le tableau des dépenses; il devra être certifié véritable, daté et signé par le débiteur. — Co. 438, 456, 476 et s., 5°6, 591. — Pr. 898.

440. La faillite est déclarée par jugement du tribunal de commerce, rendu, soit sur la déclaration du failli, soit à la requête d'un ou plusieurs créanciers, soit d'office. Ce jugement sera exécutoire provisoirement. — Co. 454, 455, 462, 491, 589 et s.

441. Par le jugement déclaratif de la faillite, ou par le jugement ultérieur rendu sur le rapport du juge-commissaire, le tribunal déterminera, soit d'office, soit sur la poursuite de toute partie intéressée, l'époque à laquelle a eu lieu la cessation de paiements. A défaut de détermination spéciale, la cessation de payements sera réputée avoir eu lieu à partir du jugement déclaratif de la faillite. — Co. 437, 446 et s., 580 et s., 585 et s.

442. Les jugements rendus en vertu des deux articles précédents seront affichés et insérés par extrait dans les journaux, tant du lieu où la faillite aura été déclarée que de tous les lieux où le failli aura des établissements commerciaux, suivant le mode établi par l'article 42 du présent Code. — Co. 461, 580.

443. Le jugement déclaratif de la faillite emporte de plein droit, à dater de sa date, dessaisissement pour le failli de l'administration de tous ses biens, même de ceux qui peuvent lui échoir tant qu'il est en état de faillite. — A partir de ce jugement, toute action mobilière ou immobilière ne pourra être suivie ou intentée que contre les syndics. — Il en sera de même de toute voie d'exécution tant sur les meubles que sur les immeubles. — Le tribunal, lorsqu'il le jugera convenable, pourra recevoir le failli partie intervenante. — Co. 450, 462, 469, 474, 486 et s., 490, 512, 528. — Pr. 59, 339.

444. Le jugement déclaratif de faillite rend exigibles, à l'égard du failli, les dettes passives non échues. — En cas de faillite du souscripteur d'un billet à ordre, de l'accepteur d'une lettre de change ou du tireur à défaut d'acceptation, les autres obligés seront tenus de donner caution pour le paiement à l'échéance, s'ils n'aiment mieux payer immédiatement. — Co. 120, 163, 471, 542. — C. 1188, 2040. — Pr. 124, 517 et s.

445. Le jugement déclaratif de faillite arrête, à l'égard de la masse seulement, le cours des intérêts de toute créance non garantie par un privilège, par un nantissement ou par une hypothèque. — Les intérêts des créances garanties ne pourront être réclamés que sur les sommes provenant des biens affectés au privilège, à l'hypothèque ou au nantissement. — Co. 443, 546 et s., 552 et s., 604. — C. 1254, 2095, 2114.

446. Sont nuls et sans effet, relativement à la masse, lorsqu'ils auront été faits par le débiteur depuis l'épo-

que déterminée par le tribunal comme étant celle de la cessation de ses payements, ou dans les dix jours qui auront précédé cette époque : — Tous actes translatifs de propriétés mobilières ou immobilières à titre gratuit; — Tous payements, soit en espèces, soit par transport, vente, compensation ou autrement, pour dettes non échues, et pour dettes échues, tous payements faits autrement qu'en espèces ou effets de commerce; — Toute hypothèque conventionnelle ou judiciaire, et tous droits d'antichrèse ou de nantissement constitués sur les biens du débiteur pour dettes antérieurement contractées. — Co. 441. — C. 1167, 2071 et s., 2123 et s., 2135, 2146.

447. Tous autres payements faits par le débiteur pour dettes échues et tous autres actes à titre onéreux par lui passés après la cessation de ses paiements et avant le jugement déclaratif de faillite, pourront être annulés si, de la part de ceux qui ont reçu du débiteur ou qui ont traité avec lui, ils ont eu lieu avec connaissance de la cessation de ses paiements. — Co. 446. — C. 1167.

448. Les droits d'hypothèque et de privilège valablement acquis pourront être inscrits jusqu'au jour du jugement déclaratif de la faillite. — Néanmoins les inscriptions prises après l'époque de la cessation de paiements ou dans les dix jours qui précèdent pourront être déclarées nulles, s'il s'est écoulé plus de quinze jours entre la date de l'acte constitutif de l'hypothèque ou du privilège et celle de l'inscription. — Ce délai sera augmenté d'un jour à raison de cinq myriamètres de distance entre le lieu où le droit d'hypothèque aura été acquis et le lieu où l'inscription sera prise. — Co. 440 et s., 445 et s. — C. 1167, 2146. — Pr. 1033.

449. Dans le cas où des lettres de change auraient été payées après l'époque fixée comme étant celle de la cessation de paiements et avant le jugement déclaratif de faillite, l'action en rapport ne pourra être intentée que contre celui pour compte duquel la lettre de change aura été fournie. — S'il s'agit d'un billet à ordre, l'action ne pourra être exercée que contre le premier endosseur. — Dans l'un et l'autre cas, la preuve que celui à qui on demande le rapport avait connaissance de la cessation de paiements à l'époque de l'émission du titre devra être fournie. — Co. 110 et s., 441, 447. — C. 1167.

450. (*Ainsi modifié, L. 12 février 1872.*) Les syndics auront pour les baux des immeubles affectés à l'industrie ou au commerce du failli, y compris les locaux dépendant de ces immeubles et servant à l'habitation du failli et de sa famille, huit jours, à partir de l'expiration du délai accordé par l'art. 492 du Code de commerce aux créanciers domiciliés en France pour la vérification de leurs créances, pendant lesquels ils pourront notifier au propriétaire leur intention de continuer le bail, à la charge de satisfaire à toutes les obligations du locataire. — Cette notification ne pourra avoir lieu qu'avec l'autorisation du juge-commissaire et le failli entendu. — Jusqu'à l'expiration de ces huit jours, toutes voies d'exécution sur les effets mobiliers servant à l'exploitation du commerce ou de l'industrie du failli et toutes actions en résiliation du bail seront suspendues, sans préjudice de toutes mesures conservatoires et du droit qui serait acquis au propriétaire de reprendre possession des lieux loués. — Dans ce cas, la suspension des droits d'exécution établie au présent article cessera de plein droit. — Le bailleur devra, dans les quinze jours qui suivront la notification qui lui serait faite par les syndics, former sa demande en résiliation. — Faute par lui de l'avoir formée dans ledit délai, il sera réputé avoir renoncé à se prévaloir des causes de résiliation déjà existantes à son profit. — Co. 441, 443. — C. 1728, 1741, 1752, 2102. — Pr. 819 et s.

CHAPITRE II
De la nomination du juge-commissaire

451. Par le jugement qui déclarera la faillite, le tribunal de commerce désignera l'un de ses membres pour juge-commissaire. — Co. 440, 522, 583.

452. Le juge-commissaire sera chargé spécialement d'accélérer et de surveiller les opérations et la gestion de la faillite. — Il fera au tribunal de commerce le rapport de toutes les contestations que la faillite pourra faire naître, et qui seront de la compétence de ce tribunal. — Co. 514, 538.

453. Les ordonnances du juge-commissaire ne seront susceptibles de recours que dans les cas prévus par la loi. Ces recours seront portés devant le tribunal de commerce. — Co. 466, 474, 530, 583.

454. Le tribunal de commerce pourra, à toutes les époques, remplacer le juge-commissaire de la faillite par un autre de ses membres. — Co. 583.

CHAPITRE III
De l'apposition des scellés et des premières dispositions à l'égard de la personne du failli.

455. Par le jugement qui déclarera la faillite, le tribunal ordonnera l'apposition des scellés, et le dépôt de la personne du failli dans la maison d'arrêt pour dettes, ou la garde de sa personne par un officier de police ou de justice, ou par un gendarme. — Néanmoins, si le juge-commissaire estime que l'actif du failli peut être inventorié en un seul jour, il ne sera point apposé de scellés, et il devrait être immédiatement procédé à l'inventaire. — Il ne pourra, en cet effet, être reçu, contre le failli, d'écrou ou recommandation pour aucune espèce de dettes. — Co. 437, 440, 468, 472. — Pr. 792, 907 et s., 943 et s.

456. Lorsque le failli se sera conformé aux art. 438 et 439, et ne sera point, au moment de la déclaration, incarcéré pour dettes ou pour autre cause, le tribunal pourra l'affranchir du dépôt ou de la garde de sa personne. — La disposition du jugement qui affranchirait le failli du dépôt ou de la garde de sa personne pourra toujours, suivant les circonstances, être ultérieurement rapportée par le tribunal de commerce, même d'office. — Co. 455, 472 et s., 488, 505.

457. Le greffier du tribunal de commerce adressera sur-le-champ, au juge de paix, avis de la disposition du jugement qui aura ordonné l'apposition des scellés. — Le juge de paix pourra, même avant ce jugement, apposer les scellés, soit d'office, soit sur la réquisition d'un ou plusieurs créanciers, mais seulement dans le cas de disparition du débiteur ou de détournement de tout ou partie de son actif. — Co. 455, 468 et s., 593 et s. — Pr. 912.

458. Les scellés seront apposés sur les magasins, comptoirs, caisses, portefeuilles, livres, papiers, meubles et effets du failli. — En cas de faillite d'une société en nom collectif, les scellés seront apposés non seulement au siège principal de la société, mais encore dans le domicile séparé de chacun des associés solidaires. — Dans tous les cas, le juge de paix donnera, sans délai, au président du tribunal de commerce, avis de l'apposition des scellés. — Co 22 et s., 438, 469, 471, 531, 604.

459. Le greffier du tribunal de commerce adressera dans les vingt-quatre heures, au procureur de la République du ressort, extrait des jugements déclaratifs de faillite, mentionnant les principales indications et dispositions qu'ils contiennent. — Co. 440, 455, 482 et s., 584, 606 et s.

460. Les dispositions qui ordonneront le dépôt de la personne du failli dans une maison d'arrêt pour dettes, ou la garde de sa personne, seront exécutées à la diligence, soit du ministère public, soit des syndics de la faillite.

461. Lorsque les deniers appartenant à la faillite ne pourront suffire immédiatement aux frais du jugement de déclaration de la faillite, d'affiche et d'insertion de ce jugement dans les journaux, d'apposition des scellés, d'arrestation et d'incarcération du failli, l'avance de ces frais sera faite, sur ordonnance du juge-commissaire, par le trésor public qui en sera remboursé par privilège sur les premiers recouvrements, sans préjudice du privilège du propriétaire. — Co. 440,442, 450, 455, 460, 587 et s., 592. — C. 2101, 2102.

CHAPITRE IV
De la nomination et du remplacement des syndics provisoires

462. Par le jugement qui déclarera la faillite, le tribunal de commerce nommera un ou plusieurs syndics provisoires. — Le juge-commissaire convoquera immédiatement les créanciers présumés à se réunir dans un délai qui n'excédera pas quinze jours. Il consultera les créanciers présents à cette réunion, tant sur la composition de l'état des créanciers présumés que sur la nomination de nouveaux syndics. Il sera dressé procès-verbal de leurs dires et observations, lequel sera représenté au tribunal. — Sur le vu de ce procès-verbal et de l'état des créanciers présumés, et sur le rapport du juge-commissaire, le tribunal nommera de nouveaux syndics, ou continuera les premiers dans leurs fonctions. — Les syndics ainsi institués sont définitifs; cependant ils peuvent être remplacés par le tribunal de commerce dans les cas et suivant les formes qui seront déterminés. — Le nombre des syndics pourra être, à toute époque, porté jusqu'à trois; ils pourront être choisis parmi les personnes étrangères à la masse, et recevoir, quelle que soit leur qualité, après avoir rendu compte de leur gestion, une indemnité que le tribunal arbitrera sur le rapport du juge-commissaire. — Co. 440, 443, 460, 463 et s., 468 et s., 492, 506 et s., 519, 529, 536, 566. — Pr. 527 et s.

463. Aucun parent ou allié du failli, jusqu'au quatrième degré inclusivement, ne pourra être nommé syndic. — C. 735 et s.

464. Lorsqu'il y aura lieu de procéder à l'adjonction ou au remplacement d'un ou plusieurs syndics, il sera référé par le juge-commissaire au tribunal de commerce, qui procédera à la nomination suivant les formes établies par l'article 462. — Co. 583.

465. S'il a été nommé plusieurs syndics, ils ne pourront agir que collectivement; néanmoins le juge-commissaire peut donner à un ou plusieurs d'entre eux des autorisations spéciales à l'effet de faire séparément certains actes d'administration. Dans ce dernier cas, les syndics autorisés seront seuls responsables. — C. 1202, 1383 et s., 1995.

466. S'il s'élève des réclamations contre quelqu'une

des opérations des syndics, le juge-commissaire statuera, dans le délai de trois jours, sauf recours devant le tribunal de commerce. — Les décisions du juge-commissaire sont exécutoires par provision. — Co. 453, 530, 580, 583.

467. Le juge-commissaire pourra, soit sur les réclamations à lui adressées par le failli ou par des créanciers, soit même d'office, proposer la révocation d'un ou plusieurs des syndics. — Si, dans les huit jours, le juge-commissaire n'a pas fait droit aux réclamations qui lui ont été adressées, ces réclamations pourront être portées devant le tribunal. — Le tribunal, en chambre du conseil, entendra le rapport du juge-commissaire et les explications des syndics, et prononcera à l'audience sur la révocation. — Co. 462, 532.

CHAPITRE V

Des fonctions des syndics

SECTION PREMIÈRE

DISPOSITIONS GÉNÉRALES

468. Si l'apposition des scellés n'avait point eu lieu avant la nomination des syndics, ils requerront le juge de paix d'y procéder. — Co. 455, 458 et s. — Pr. 907 et s., 912.

469. Le juge-commissaire pourra également, sur la demande des syndics, les dispenser de faire placer sous les scellés, ou les autoriser à en faire extraire : — 1° Les vêtements, hardes, meubles et effets nécessaires au failli et à sa famille, et dont la délivrance sera autorisée par le juge-commissaire sur l'état que lui ont soumettront les syndics ; — 2° Les objets sujets à dépérissement prochain ou à dépréciation imminente ; — 3° Les objets servant à l'exploitation de fonds de commerce, lorsque cette exploitation ne pourrait être interrompue sans préjudice pour les créanciers. — Les objets compris dans les deux paragraphes précédents seront de suite inventoriés avec prisée par les syndics, en présence du juge de paix qui signera le procès-verbal. — Co. 458, 470, 479 et s. — Pr. 924, 943 et s.

470. La vente des objets sujets à dépérissement ou à dépréciation imminente, ou dispendieux à conserver, et l'exploitation du fonds de commerce, auront lieu à la diligence des syndics, sur l'autorisation du juge-commissaire. — Co 453, 469, 484, 486.

471. Les livres seront extraits des scellés et remis par le juge de paix aux syndics, après avoir été arrêtés par lui ; il constatera sommairement, par son procès-verbal, l'état dans lequel ils se trouveront. — Les effets de portefeuille à courte échéance ou susceptibles d'acceptation, ou pour lesquels il faudra faire des actes conservatoires, seront aussi extraits des scellés par le juge de paix, décrits et remis aux syndics pour en faire le recouvrement. Le bordereau en sera remis au juge-commissaire. — Les autres créances seront recouvrées par les syndics sur leurs quittances. Les lettres adressées au failli seront remises aux syndics, qui les ouvriront ; il pourra, s'il est présent, assister à l'ouverture. — Co. 443, 458, 475, 490.

472. Le juge-commissaire, d'après l'état apparent des affaires du failli, pourra proposer sa mise en liberté avec sauf-conduit provisoire de sa personne. Si le tribunal accorde le sauf-conduit, il pourra obliger le failli à fournir caution de se représenter, sous peine de paiement d'une somme que le tribunal arbitrera, et qui sera dévolue à la masse. — Co. 455, 505, 583, 586. — C. 2040, 2041. — Pr. 517 et s.

473. A défaut, par le juge-commissaire, de proposer un sauf-conduit pour le failli, ce dernier pourra présenter sa demande au tribunal de commerce, qui statuera, en audience publique, après avoir entendu le juge-commissaire. — Co. 472, 583.

474. Le failli pourra obtenir pour lui et sa famille, sur l'actif de sa faillite, des secours alimentaires, qui seront fixés, sur la proposition des syndics, par le juge commissaire, sauf appel au tribunal, en cas de contestation. — Co. 443, 453, 469, 530, 565, 583.

475. Les syndics appelleront le failli auprès d'eux pour clore et arrêter les livres en sa présence. — S'il ne se rend pas à l'invitation, il sera sommé de comparaître dans les quarante-huit heures au plus tard.— Soit qu'il ait ou non obtenu un sauf-conduit, il pourra comparaître par fondé de pouvoirs, s'il justifie de causes d'empêchement reconnues valables par le juge-commissaire. — Co. 471, 586. — Pr. 64.

476. Dans le cas où le bilan n'aurait pas été déposé par le failli les syndics le dresseront immédiatement à l'aide des livres et papiers du failli, et des renseignements qu'ils se procureront, et ils le déposeront au greffe du tribunal de commerce. — Co. 439, 522.

477. Le juge-commissaire est autorisé à entendre le failli, ses commis et employés, et toute autre personne, tant sur ce qui concerne la formation du bilan que sur les causes et les circonstances de la faillite. — Co. 439, 476.

478. Lorsque un commerçant aura été déclaré en faillite après son décès, ou lorsque le failli viendra à décéder après la déclaration de la faillite, sa veuve, ses enfants et ses héritiers pourront se présenter ou se faire représenter pour le suppléer dans la formation du bilan, ainsi que dans toutes les autres opérations de la faillite. — Co. 437, 481, 614.

SECTION II

DE LA LEVÉE DES SCELLÉS ET DE L'INVENTAIRE

479. Dans les trois jours, les syndics requerront la levée des scellés, et procéderont à l'inventaire des biens du failli, lequel sera présent ou dûment appelé. — Co. 443, 455, 462, 468, 522. — Pr. 928 et s., 311, 941 et s.

480. L'inventaire sera dressé en double minute par les syndics, à mesure que les scellés seront levés, et en présence du juge de paix, qui le signera à chaque vacation. L'une des deux minutes sera déposée au greffe du tribunal de commerce, dans les vingt-quatre heures ; l'autre restera entre les mains des syndics. — Les syndics seront libres de se faire aider, pour sa rédaction comme pour l'estimation des objets, par qui ils jugeront convenable. — Il sera fait récolement des objets qui, conformément à l'article 469, n'auraient pas été mis sous les scellés, et' auraient déjà été inventoriés et prisés. — Co. 483, 488. — Pr. 937, 943.

481. En cas de déclaration de faillite après décès, lorsqu'il n'aura point été fait d'inventaire antérieurement à cette déclaration, ou en cas de décès du failli avant l'ouverture de l'inventaire, il y sera procédé immédiatement, dans les formes du précédent article, et en présence des héritiers, ou eux dûment appelés. — Co. 437, 478, 614. — Pr. 943.

482. En toute faillite, les syndics, dans la quinzaine de leur entrée ou de leur maintien en fonctions, seront tenus de remettre au juge-commissaire un mémoire ou compte sommaire de l'état apparent de la faillite, de ses principales causes et circonstances, et des caractères qu'elle paraît avoir. — Le juge-commissaire transmettra immédiatement les mémoires, avec ses observations, au procureur de la République. S'ils ne lui ont pas été remis dans les délais prescrits, il devra en prévenir le procureur de la République et lui indiquer les causes du retard. — Co. 459, 483 et s.

483. Les officiers du ministère public pourront se transporter au domicile du failli et assister à l'inventaire. — Ils auront, à toute époque, le droit de requérir communication de tous les actes, livres ou papiers relatifs à la faillite. — Co. 459, 480, 602 et s. — C. 102.

SECTION III
DE LA VENTE DES MARCHANDISES ET MEUBLES ET DES RECOUVREMENTS

484. L'inventaire terminé, les marchandises, l'argent, les titres actifs, les livres et papiers, meubles et effets du débiteur, seront remis aux syndics, qui s'en chargeront au bas dudit inventaire. — Co. 443, 471, 519. — Pr. 943.

485. Les syndics continueront de procéder, sous la surveillance du juge-commissaire, au recouvrement des dettes actives. — Co. 443, 490.

486. Le juge-commissaire pourra, le failli entendu ou dûment appelé, autoriser les syndics à procéder à la vente des effets mobiliers ou marchandises. — Il décidera si la vente se fera soit à l'amiable, soit aux enchères publiques, par l'entremise de courtiers ou de tous autres officiers publics préposés à cet effet. — Les syndics choisiront dans la classe d'officiers publics déterminée par le juge-commissaire celui dont ils voudront employer le ministère. — Co. 74, 470, 534, 559 et s., 571, 583. — Pr. 617 et s., 946.

487. Les syndics pourront, avec l'autorisation du juge-commissaire, et le failli dûment appelé, transiger sur toutes contestations qui intéressent la masse, même sur celles qui sont relatives à des droits et actions immobiliers. — Si l'objet de la transaction est d'une valeur indéterminée ou qui excède trois cents francs, la transaction ne sera obligatoire qu'après avoir été homologuée, savoir : par le tribunal de commerce pour les transactions relatives à des droits mobiliers, et par le tribunal civil pour les transactions relatives à des droits immobiliers. — Le failli sera appelé à l'homologation; il aura, dans tous les cas, la faculté de s'y opposer. Son opposition suffira pour empêcher la transaction, si elle a pour objet des biens immobiliers. — Co. 443, 535, 583. — C. 2044 et s.

488. Si le failli a été affranchi du dépôt, ou s'il a obtenu un sauf-conduit, les syndics pourront l'employer pour faciliter et éclairer leur gestion; le juge-commissaire fixera les conditions de son travail. — Co. 456, 472 et s., 475, 480, 505.

489. Les deniers provenant des ventes et des recouvrements seront, sous la déduction des sommes arbitrées par le juge-commissaire, pour le montant des dépenses et frais, versés immédiatement à la caisse des dépôts et consignations. Dans les trois jours des recettes, il sera justifié au juge-commissaire desdits versements; en cas de retard, les syndics devront les intérêts des sommes qu'ils n'auront point versées. — Les deniers versés par les syndics, et tous autres consignés par des tiers, pour compte de la faillite, ne pourront être retirés qu'en vertu d'une ordonnance du juge-commissaire. S'il existe des oppositions, les syndics devront préalablement en obtenir la mainlevée. — Le juge-commissaire pourra ordonner que le versement sera fait par la caisse directement entre les mains des créanciers de la faillite, sur un état de ré-

partition dressé par les syndics et ordonnancé par lui. — Co. 566 et s. — C. 1153, 1907. — Pr. 126, 132.

SECTION IV
DES ACTES CONSERVATOIRES

490. A compter de leur entrée en fonctions, les syndics seront tenus de faire tous actes pour la conservation des droits du failli, contre ses débiteurs. — Ils seront aussi tenus de requérir l'inscription aux hypothèques sur les immeubles des débiteurs du failli, si elle n'a pas été requise par lui : l'inscription sera prise au nom de la masse par les syndics, qui joindront à leurs bordereaux un certificat constatant leur nomination. — Ils seront tenus aussi de prendre inscription, au nom de la masse des créanciers, sur les immeubles du failli dont ils connaîtront l'existence. L'inscription sera reçue sur un simple bordereau énonçant qu'il y a faillite, et relatant la date du jugement par lequel ils auront été nommés. — Co. 462, 471, 485. — C. 1166, 2146, 2148.

491. A partir du jugement déclaratif de la faillite, les créanciers pourront remettre au greffier leurs titres, avec un bordereau indicatif des sommes par eux réclamées. Le greffier devra en tenir état et en donner récépissé. — Il ne sera responsable des titres que pendant cinq années, à partir du jour de l'ouverture du procès-verbal de vérification. — Co. 440, 442. — C. 2276.

492. Les créanciers qui, à l'époque du maintien ou du remplacement des syndics, en exécution du troisième paragraphe de l'article 462, n'auront pas remis leurs titres, seront immédiatement avertis, par des insertions dans les journaux et par lettres du greffier, qu'ils doivent se présenter en personne ou par fondés de pouvoirs, dans le délai de vingt jours à partir desdites insertions, aux syndics de la faillite, et leur remettre leurs titres accompagnés d'un bordereau indicatif des sommes par eux réclamées, si mieux ils n'aiment en faire le dépôt au greffe du tribunal de commerce; il leur en sera donné récépissé. — A l'égard des créanciers domiciliés en France, hors du lieu où siège le tribunal saisi de l'instruction de la faillite, ce délai sera augmenté d'un jour par cinq myriamètres de distance entre le lieu où siège le tribunal et le domicile du créancier. — A l'égard des créanciers domiciliés hors du territoire continental de la France, ce délai sera augmenté conformément aux règles de l'article 73 du Code de procédure civile. — Co. 442, 462, 491. — Pr. 522 et s., 528, 1033.

493. La vérification des créances commencera dans les trois jours de l'expiration des délais déterminés par les premier et deuxième paragraphes de l'article 492. Elle sera continuée sans interruption. Elle se fera aux lieu, jour et heure indiqués par le juge-commissaire. L'avertissement aux créanciers ordonné par l'article précédent contiendra mention de cette indication. Néanmoins les créanciers seront de nouveau convoqués à cet effet, tant par lettres du greffier que par insertions dans les journaux. — Les créances des syndics seront vérifiées par le juge-commissaire; les autres le seront contradictoirement entre le créancier ou son fondé de pouvoirs et les syndics, en présence du juge-commissaire, qui en dressera procès-verbal. — Co. 442, 492.

494. Tout créancier vérifié ou porté au bilan pourra assister à la vérification des créances, et fournir des contredits aux vérifications faites et à faire. Le failli aura le même droit. — Co. 439, 476, 491.

495. Le procès-verbal de vérification indiquera le domicile des créanciers et de leurs fondés de pouvoirs. — Il contiendra la description sommaire des titres, mentionnera les surcharges, ratures et interlignes, et exprimera si la créance est admise ou contestée. — Co. 491 et s., 542, 569, 603.

496. Dans tous les cas, le juge-commissaire pourra, même d'office, ordonner la représentation des livres du créancier, ou demander, en vertu d'un compulsoire, qu'il en soit rapporté un extrait fait par les juges du lieu. — Co. 458. — Pr. 849 et s.

497. Si la créance est admise, les syndics signeront, sur chacun des titres, la déclaration suivante : *Admis au passif de la faillite de....., pour la somme de....., le.....* — Le juge-commissaire visera la déclaration. — Chaque créancier, dans la huitaine, au plus tard, après que sa créance aura été vérifiée, sera tenu d'affirmer, entre les mains du juge-commissaire, que ladite créance est sincère et véritable. — Co. 495, 503 et s., 593.

498. Si la créance est contestée, le juge-commissaire pourra, sans qu'il soit besoin de citation, renvoyer à bref délai devant le tribunal de commerce, qui jugera sur son rapport. — Le tribunal de commerce pourra ordonner qu'il soit fait, devant le juge-commissaire, enquête sur les faits, et que les personnes qui pourront fournir des renseignements soient, à cet effet, citées par devant lui. — Co. 499 et s. — Pr. 254, 401 et s., 412 et s., 432.

499. Lorsque la contestation sur l'admission d'une créance aura été portée devant le tribunal de commerce, ce tribunal, si la cause n'est point en état de recevoir jugement définitif avant l'expiration des délais fixés, à l'égard des personnes domiciliées en France, par les articles 492 et 491, ordonnera, selon les circonstances, qu'il sera sursis ou passé outre à la convocation de l'assemblée pour la formation du concordat. — Si le tribunal ordonne qu'il sera passé outre, il pourra décider par provision que le créancier contesté sera admis dans les délibérations pour une somme que le même jugement déterminera. — Co. 504, 516, 583.

500. Lorsque la contestation sera portée devant un tribunal civil, le tribunal de commerce décidera s'il sera sursis ou passé outre ; dans ce dernier cas, le tribunal civil saisi de la contestation jugera, à bref délai, sur requête des syndics, signifiée au créancier contesté, et sans autre procédure, si la créance sera admise par provision, et pour quelle somme. — Dans le cas où une créance serait l'objet d'une instruction criminelle ou correctionnelle, le tribunal de commerce pourra également prononcer le sursis ; s'il ordonne de passer outre, il ne pourra accorder l'admission par provision, et le créancier contesté ne pourra prendre part aux opérations de la faillite tant que les tribunaux compétents n'auront pas statué. — Co. 499, 512, 516, 583 et s., 591.

501. Le créancier dont le privilège ou l'hypothèque seulement serait contesté sera admis dans les délibérations de la faillite comme créancier ordinaire. — Co. 445, 508.

502. A l'expiration des délais déterminés par les art. 492 et 497, à l'égard des personnes domiciliées en France, il sera passé outre à la formation du concordat et à toutes les opérations de la faillite, sous l'exception portée aux articles 567 et 568 en faveur des créanciers domiciliés hors du territoire continental de la France.

503. A défaut de comparution et affirmation dans les délais qui leur sont applicables, les défaillants connus ou inconnus ne seront pas compris dans les répartitions à faire : toutefois la voie de l'opposition leur sera ouverte jusqu'à la distribution des deniers inclusivement ; les frais de l'opposition demeureront toujours à leur charge. — Leur opposition ne pourra suspendre l'exécution des répartitions ordonnancées par le juge-commissaire ; mais, s'il est procédé à des répartitions nouvelles avant qu'il ait été statué sur leur opposition, ils seront compris pour la somme qui sera provisoirement déterminée par le tribunal, et qui sera tenue en réserve jusqu'au jugement de leur opposition. — S'ils se font ultérieurement reconnaître créanciers, ils ne pourront rien réclamer sur les répartitions ordonnancées par le juge-commissaire ; mais ils auront le droit de prélever, sur l'actif non encore réparti, les dividendes afférents à leurs créances dans les premières répartitions. — Co. 492, 497, 542 et s., 565.

CHAPITRE VI
Du concordat et de l'union

SECTION PREMIÈRE
DE LA CONVOCATION ET DE L'ASSEMBLÉE DES CRÉANCIERS

504. Dans les trois jours qui suivront les délais prescrits pour l'affirmation, le juge-commissaire fera convoquer par le greffier, à l'effet de délibérer sur la formation du concordat, les créanciers dont les créances auront été vérifiées et affirmées, ou admises par provision. Les insertions dans les journaux et les lettres de convocation indiqueront l'objet de l'assemblée. — Co. 437, 497, 499 et s.

505. Aux lieu, jour et heure qui seront fixés par le juge-commissaire, l'assemblée se formera sous sa présidence, les créanciers vérifiés et affirmés, ou admis par provision, s'y présenteront en personne ou par fondés de pouvoirs. — Le failli sera appelé à cette assemblée ; il devra s'y présenter en personne, s'il a été dispensé de la mise en dépôt, ou s'il a obtenu un sauf-conduit, et il ne pourra s'y faire représenter que pour des motifs valables, et approuvés par le juge-commissaire. — Co. 456, 472, 473, 497, 499, 500. — C. 1987.

506. Les syndics feront à l'assemblée un rapport sur l'état de la faillite, sur les formalités qui auront été remplies et les opérations qui auront eu lieu ; le failli sera entendu. — Le rapport des syndics sera remis, signé d'eux, au juge-commissaire, qui dressera procès-verbal de ce qui aura été dit et décidé dans l'assemblée. — Co. 452, 527.

SECTION II
DU CONCORDAT

§ 1er. — *De la formation du concordat.*

507. Il ne pourra être consenti de traité entre les créanciers délibérants et le débiteur failli qu'après l'accomplissement des formalités ci-dessus prescrites. — Ce traité ne s'établira que par le concours d'un nombre de créanciers formant la majorité, et représentant, en outre, les trois quarts de la totalité des créances vérifiées et affirmées, ou admises par provision, conformément à la section v du chapitre V : le tout à peine de nullité. — Co. 497, 499, 500, 504 et s., 509, 529.

508. Les créanciers hypothécaires inscrits ou dispensés d'inscription, et les créanciers privilégiés ou nantis d'un gage, n'auront pas voix dans les opérations relatives au concordat pour lesdites créances, et elles n'y seront comptées que s'ils renoncent à leurs

3

hypothèques, gages ou privilèges. — Le vote du concordat emportera de plein droit cette renonciation. — Co. 443, 448, 501, 517, 546, 552 et s. — C. 2071 et s., 2095 et s., 2114, 2134, 2135.

509. Le concordat sera, à peine de nullité, signé séance tenante. S'il est consenti seulement par la majorité en nombre, ou par la majorité des trois quarts en somme, la délibération sera remise à huitaine pour tout délai ; dans ce cas, les résolutions prises et les adhésions données lors de la première assemblée demeureront sans effet.— Co. 507, 512.

510. Si le failli a été condamné comme banqueroutier frauduleux, le concordat ne pourra être formé. — Lorsqu'une instruction en banqueroute frauduleuse aura été commencée, les créanciers seront convoqués à l'effet de décider s'ils se réservent de délibérer sur un concordat, en cas d'acquittement, et si, en conséquence, ils sursoient à statuer jusqu'après l'issue des poursuites. — Ce sursis ne pourra être prononcé qu'à la majorité en nombre et en somme déterminée par l'article 507. Si, à l'expiration du sursis, il y a lieu à délibérer sur le concordat, les règles établies par le précédent article seront applicables aux nouvelles délibérations, — Co. 509, 583, 591.

511. Si le failli a été condamné comme banqueroutier simple, le concordat pourra être formé. Néanmoins, en cas de poursuites commencées, les créanciers pourront surseoir à délibérer jusqu'après l'issue des poursuites, en se conformant aux dispositions de l'article précédent. — Co. 585 et s., 601 et s., 612.

512. Tous les créanciers ayant eu droit de concourir au concordat, ou dont les droits auront été reconnus depuis, pourront y former opposition. L'opposition sera motivée, et devra être signifiée aux syndics et au failli, à peine de nullité, dans les huit jours qui suivront le concordat ; elle contiendra assignation à la première audience du tribunal de commerce. — S'il n'a été nommé qu'un seul syndic, et s'il se rend opposant au concordat, il devra provoquer la nomination d'un nouveau syndic, vis-à-vis duquel il sera tenu de remplir les formes prescrites au présent article. — Si le jugement de l'opposition est subordonné à la solution de questions étrangères, à raison de la matière, à la compétence du tribunal de commerce, ce tribunal sursoit à prononcer jusqu'après la décision de ces questions. — Il fixera un bref délai dans lequel le créancier opposant devra saisir les juges compétents et justifier de ses diligences. — Co. 443, 452, 500, 506 et s., 631 et s. — Pr. 170, 424, 427.

513. L'homologation du concordat sera poursuivie devant le tribunal de commerce, à la requête de la partie la plus diligente ; le tribunal ne pourra statuer avant l'expiration du délai de huitaine, fixé par l'article précédent. — Si, pendant ce délai, il a été formé des oppositions, le tribunal statuera sur ces oppositions et sur l'homologation par un seul et même jugement.—Si l'opposition est admise, l'annulation du concordat sera prononcée à l'égard de tous les intéressés. — Co. 518.

514. Dans tous les cas, avant qu'il soit statué sur l'homologation, le juge-commissaire fera au tribunal de commerce un rapport sur les caractères de la faillite et sur l'admissibilité du concordat. — Co. 452.

515. En cas d'inobservation des règles ci-dessus prescrites, ou lorsque des motifs tirés, soit de l'intérêt public, soit de l'intérêt des créanciers, paraîtront de nature à empêcher le concordat, le tribunal en refusera l'homologation.

§ II. — Des effets du concordat.

516. L'homologation du concordat le rendra obliga-

toire pour tous les créanciers portés ou non portés au bilan, vérifiés ou non vérifiés, et même pour les créanciers domiciliés hors du territoire continental de la France, ainsi que pour ceux qui, en vertu des articles 499 et 500, auraient été admis par provision à délibérer, quelle que soit la somme que le jugement définitif leur attribuerait ultérieurement. — Co. 439, 497, 522. — C. 829, 843, 1235.

517. L'homologation conservera à chacun des créanciers, sur les immeubles du failli, l'hypothèque inscrite en vertu du troisième paragraphe de l'article 490. A cet effet, les syndics feront inscrire aux hypothèques le jugement d'homologation, à moins qu'il n'en ait été décidé autrement par le concordat.— Co. 490, 508, 513. — C. 2146.

518. Aucune action en nullité du concordat ne sera recevable, après l'homologation, que pour cause de dol découvert depuis cette homologation, et résultant, soit de la dissimulation de l'actif, soit de l'exagération du passif. — Co. 457, 512, 520 et s., 593 et s. — C. 1116, 1117.

519. Aussitôt après que le jugement d'homologation sera passé en force de chose jugée, les fonctions des syndics cesseront. — Les syndics rendront au failli leur compte définitif, en présence du juge-commissaire ; ce compte sera débattu et arrêté. Ils remettront au failli l'universalité de ses biens, livres, papiers et effets. Le failli en donnera décharge. — Il sera dressé de tout procès-verbal par le juge-commissaire, dont les fonctions cesseront. — En cas de contestation, le tribunal de commerce prononcera.— Co. 451, 462, 536 et s., 665. — C. 1351. — Pr. 527.

§ III. — De l'annulation ou de la résolution du concordat (1).

520. L'annulation du concordat, soit pour dol, soit par suite de condamnation pour banqueroute frauduleuse intervenue après son homologation, libère de plein droit les cautions. — En cas d'inexécution, par le failli, des conditions de son concordat, la résolution de ce traité pourra être poursuivie contre lui devant le tribunal de commerce, en présence des cautions, s'il en existe, ou elles dûment appelées. — La résolution du concordat ne libérera pas les cautions qui y seront intervenues pour en garantir l'exécution totale ou partielle. — Co. 510, 512, 518, 521 et s., 635. — C. 1116, 1184, 2011.

521. Lorsque, après l'homologation du concordat, le failli sera poursuivi pour banqueroute frauduleuse et placé sous mandat de dépôt ou d'arrêt, le tribunal de commerce pourra prescrire telles mesures conservatoires qu'il appartiendra. Ces mesures cesseront de plein droit du jour de la déclaration qu'il n'y a lieu à suivre, de l'ordonnance d'acquittement ou de l'arrêt d'absolution. — Co. 450, 455, 471, 490, 510, 512, 591. — I. cr. 95 et s., 128 et s., 229, 358.

522. Sur le vu de l'arrêt de condamnation pour banqueroute frauduleuse, ou par le jugement qui prononcera, soit l'annulation, soit la résolution du concordat, le tribunal de commerce nommera un juge-commissaire et un ou plusieurs syndics.— Ces syndics pourront faire apposer les scellés. — Ils procéderont, sans retard, avec l'assistance du juge de paix, sur l'ancien inventaire, au récolement des valeurs, actions et des papiers, et procéderont, s'il y a lieu, à un supplément d'inventaire. — Ils dresseront un bilan supplémentaire. — Ils feront immédiatement afficher et insérer dans les journaux à ce destinés, avec un extrait du jugement qui

(1) L. 4 mars 1889, art. 19.

les nomme, invitation aux créanciers nouveaux, s'il en existe, de produire, dans le délai de vingt jours, leurs titres de créances à la vérification. Cette invitation sera faite aussi par lettres du greffier, conformément aux articles 492 et 493. — Co. 439, 451, 476, 492 et s., 497, 523, 567, 591.

523. Il sera procédé, sans retard, à la vérification des titres de créances produits en vertu de l'article précédent. — Il n'y aura pas lieu à nouvelle vérification des créances antérieurement admises et affirmées, sans préjudice néanmoins du rejet ou de la réduction de celles qui depuis auraient été payées en tout ou en partie. — Co. 491 et s., 497 et s.

524. Ces opérations mises à fin, s'il n'intervient pas de nouveau concordat, les créanciers seront convoqués à l'effet de donner leur avis sur le maintien ou le remplacement des syndics. — Il ne sera procédé aux répartitions qu'après l'expiration, à l'égard des créanciers nouveaux, des délais accordés aux personnes domiciliées en France par les articles 492 et 497.— Co. 453, 503, 509, 525, 553, 565 et s.

525. Les actes faits par le failli postérieurement au jugement d'homologation et antérieurement à l'annulation ou à la résolution du concordat ne seront annulés qu'en cas de fraude aux droits des créanciers. — Co. 513, 519. — C. 1167.

526. Les créanciers antérieurs au concordat rentreront dans l'intégralité de leurs droits à l'égard du failli seulement ; mais ils ne pourront figurer dans la masse que pour les proportions suivantes, savoir : — S'ils n'ont touché aucune part du dividende, pour l'intégralité de leurs créances ; s'ils ont reçu une partie du dividende, pour la portion de leurs créances primitives correspondante à la portion de dividende promis qu'ils n'auront pas touchée. — Les dispositions du présent article seront applicables au cas où une seconde faillite viendra à s'ouvrir sans qu'il y ait eu préalablement annulation ou résolution du concordat. — Co. 437, 519.

SECTION III
DE LA CLOTURE EN CAS D'INSUFFISANCE DE L'ACTIF

527. Si, à quelque époque que ce soit, avant l'homologation du concordat ou la formation de l'union, le cours des opérations de la faillite se trouve arrêté par l'insuffisance de l'actif, le tribunal de commerce pourra, sur le rapport du juge-commissaire, prononcer, même d'office, la clôture des opérations de la faillite. — Ce jugement fera rentrer chaque créancier dans l'exercice de ses actions individuelles, tant contre les biens que contre la personne du failli. — Pendant un mois, à partir de sa date, l'exécution de ce jugement sera suspendue. — Co. 433, 461, 513, 529, 539, 543.

528. Le failli, ou tout autre intéressé, pourra, à toute époque, le faire rapporter par le tribunal, en justifiant qu'il existe des fonds pour faire face aux frais des opérations de la faillite, ou en faisant consigner entre les mains des syndics somme suffisante pour y pourvoir. — Dans tous les cas, les frais des poursuites exercées en vertu de l'article précédent devront être préalablement acquittés. — Co. 527. — C. 2101.

SECTION IV
DE L'UNION DES CRÉANCIERS

529. S'il n'intervient point de concordat, les créanciers seront de plein droit en état d'union. — Le juge-commissaire les consultera immédiatement, tant sur les faits de la gestion que sur l'utilité du maintien ou du remplacement des syndics. Les créanciers privilégiés, hypothécaires ou nantis d'un gage, seront admis à cette délibération. — Il sera dressé procès-verbal des dires et observations des créanciers, et, sur le vu de cette pièce, le tribunal de commerce statuera comme il est dit à l'article 462. — Les syndics qui ne seront pas maintenus devront rendre leur compte aux nouveaux syndics, en présence du juge-commissaire, le failli dûment appelé. — Co. 462, 508, 519, 537, 570.— Pr. 527 et s.

530. Les créanciers seront consultés sur la question de savoir si un secours pourra être accordé au failli sur l'actif de la faillite. — Lorsque la majorité des créanciers présents y aura consenti, une somme pourra être accordée au failli, à titre de secours, sur l'actif de la faillite. Les syndics en proposeront la quotité, qui sera fixée par le juge-commissaire, sauf recours au tribunal de commerce, de la part des syndics seulement. — Co. 453, 474, 565, 583.

531. Lorsqu'une société de commerce sera en faillite, les créanciers pourront ne consentir de concordat qu'en faveur d'un ou de plusieurs des associés. — En ce cas, tout l'actif social demeurera sous le régime de l'union. Les biens personnels de ceux avec lesquels le concordat aura été consenti en seront exclus, et le traité particulier passé avec eux ne pourra contenir l'engagement de payer un dividende que sur des valeurs étrangères à l'actif social. — L'associé qui aura obtenu un concordat particulier sera déchargé de toute solidarité. — Co. 19 et s., 438, 458, 507 et s., 586, 604.— C. 1200 et s.

532. Les syndics représentent la masse des créanciers et sont chargés de procéder à la liquidation. — Néanmoins, les créanciers pourront leur donner mandat pour continuer l'exploitation de l'actif. — La délibération qui leur conférera ce mandat en déterminera la durée et l'étendue, et fixera les sommes qu'ils pourront garder entre leurs mains, à l'effet de pourvoir aux frais et dépenses. Elle ne pourra être prise qu'en présence du juge-commissaire, et à la majorité des trois quarts des créanciers en nombre et en somme. — La voie de l'opposition sera ouverte contre cette délibération au failli et aux créanciers dissidents. — Cette opposition ne sera pas suspensive de l'exécution.— Co. 443, 507. — C. 1991 et s.

533. Lorsque les opérations des syndics entraîneront des engagements qui excéderaient l'actif de l'union, les créanciers qui auront autorisé ces opérations seront seuls tenus personnellement au delà de leur part dans l'actif, mais seulement dans les limites du mandat qu'ils auront donné ; ils contribueront au prorata de leurs créances. — Co. 532. — C. 1997 et s.

534. Les syndics sont chargés de poursuivre la vente des immeubles, marchandises et effets mobiliers du failli, et la liquidation de ses dettes actives et passives ; le tout sous la surveillance du juge-commissaire, et sans qu'il soit besoin d'appeler le failli. — Co. 486, 487, 532, 570, 572.

535. Les syndics pourront, en se conformant aux règles prescrites par l'article 487, transiger sur toute espèce de droits appartenant au failli, nonobstant toute opposition de sa part.— Co. 532, 552, 570. — C. 2044 et s.

536. Les créanciers en état d'union seront convoqués au moins une fois dans la première année, et, s'il y a lieu, dans les années suivantes par le juge-commissaire. — Dans ces assemblées, les syndics devront rendre compte de leur gestion. — Ils seront continués ou remplacés dans l'exercice de leurs fonctions, suivant les formes prescrites par les articles 462 et 529. — Co. 452. — Pr. 527.

537. Lorsque la liquidation de la faillite sera terminée, les créanciers seront convoqués par le juge-commissaire. — Dans cette dernière assemblée, les syndics rendront leurs comptes. Le failli sera présent ou dûment appelé. — Les créanciers donneront leur avis sur l'excusabilité du failli. Il sera dressé, à cet effet, un procès-verbal dans lequel chacun des créanciers pourra consigner ses dires et observations. — Après la clôture de cette assemblée, l'union sera dissoute de plein droit.— Co. 433, 452, 462, 519.

538. Le juge-commissaire présentera au tribunal la délibération des créanciers relative à l'excusabilité du failli, et un rapport sur les caractères et les circonstances de la faillite. — Le tribunal prononcera si le failli est ou non excusable. — Co. 452, 537.

539. Si le failli n'est pas déclaré excusable, les créanciers rentreront dans l'exercice de leurs actions individuelles, tant contre sa personne que sur ses biens. — S'il est déclaré excusable, il demeurera affranchi de la contrainte par corps à l'égard des créanciers de sa faillite, et ne pourra plus être poursuivi par eux que sur ses biens, sauf les exceptions prononcées par les lois spéciales.

540. Ne pourront être déclarés excusables : les banqueroutiers frauduleux, les stellionataires, les personnes condamnées pour vol, escroquerie ou abus de confiance, les comptables de deniers publics. — Co. 455, 527, 541, 591, 612.—C. 2059.—Pr. 379 et s., 401, 405, 406 et s.

541. (*Ainsi modifié, L. 17 juillet 1856.*) Aucun débiteur commerçant n'est recevable à demander son admission au bénéfice de cession de biens. — Néanmoins, un concordat par abandon total ou partiel de l'actif du failli peut être formé, suivant les règles prescrites par la section II du présent chapitre. — Ce concordat produit les mêmes effets que les autres concordats : il est annulé ou résolu de la même manière. — La liquidation de l'actif abandonné est faite conformément aux paragraphes 2, 3 et 4 de l'article 529, aux articles 532, 533, 534, 535 et 536, et aux paragraphes 1 et 2 de l'article 537. — Le concordat par abandon est assimilé à l'union pour la perception des droits d'enregistrement. — Co. 507, 526, 537 et s. — C. 1265 et s.

CHAPITRE VII

Des différentes espèces de créanciers et de leurs droits en cas de faillite

SECTION PREMIÈRE

DES COOBLIGÉS ET DES CAUTIONS

542. Le créancier porteur d'engagements souscrits, endossés ou garantis solidairement par le failli et d'autres coobligés qui sont en faillite, participera aux distributions dans toutes les masses, et y figurera pour la valeur nominale de son titre, jusqu'à parfait paiement. — Co. 135, 140, 187, 444, 491, 503, 513 et s. — C. 1200 et s.

543. Aucun recours, pour raison des dividendes payés, n'est ouvert aux faillites des coobligés les unes contre les autres, si ce n'est lorsque la réunion des dividendes que donneraient ces faillites excéderait le montant total de la créance, en principal et accessoires, auquel cas cet excédent sera dévolu, suivant l'ordre des engagements, à ceux des coobligés qui auraient les autres pour garants. — Co. 542.

544. Si le créancier porteur d'engagements solidaires entre le failli et d'autres coobligés a reçu, avant la faillite, un acompte sur sa créance, il ne sera compris dans la masse que sous la déduction de cet acompte, et conservera, pour ce qui lui restera dû, ses droits contre le coobligé ou la caution. — Le coobligé ou la caution qui aura fait le paiement partiel sera compris dans la même masse pour tout ce qu'il aura payé à la décharge du failli.— Co. 542 et s.— C. 1210, 1251-3°, 2011 et s.

545. Nonobstant le concordat, les créanciers conservent leur action pour la totalité de leurs créances contre les coobligés du failli. — Co. 604. — C. 1210.

SECTION II

DES CRÉANCIERS NANTIS DE GAGE, ET DES CRÉANCIERS PRIVILÉGIÉS SUR LES BIENS MEUBLES

546. Les créanciers du failli qui seront valablement nantis de gage ne seront inscrits dans la masse que pour mémoire. — Co. 445, 508, 547.— C. 2071 et s.

547. Les syndics pourront, à toute époque, avec l'autorisation du juge-commissaire, retirer les gages au profit de la faillite, en remboursant la dette. — Co. 443, 447. — C. 2082 et s., 2087, 2102.

548. Dans le cas où le gage ne sera pas retiré par les syndics, s'il est vendu par le créancier moyennant un prix qui excède la créance, le surplus sera recouvré par les syndics ; si le prix est moindre que la créance, le créancier nanti viendra à contribution pour le surplus, dans la masse, comme créancier ordinaire.— Co. 517, 552, 555. — C. 2078, 2098.

549. (*L. 4 mars 1889.*) Le salaire acquis aux ouvriers directement employés par le débiteur, pendant les trois mois qui ont précédé l'ouverture de la liquidation judiciaire ou la faillite, est admis au nombre des créances privilégiées, au même rang que le privilège établi par l'art. 2101 du Code civil pour le salaire des gens de service. — (*L. 6 février 1895.*) Le même privilège est accordé aux commis attachés à une ou plusieurs maisons de commerce, sédentaires ou voyageurs, savoir : — S'il s'agit d'appointements fixes, pour les salaires qui leur sont dus durant les six mois antérieurs à la déclaration de la liquidation judiciaire ou de la faillite ; — Et, s'il s'agit de remises proportionnelles allouées à titre d'appointements ou de suppléments d'appointements pour toutes les commissions qui leur sont définitivement acquises, dans les trois derniers mois précédant le jugement déclaratif, alors même que la cause de ces créances remonterait à une époque antérieure. — Co. 438 et s. — C. 2101.

550. (*Ainsi modifié, L. 12 février 1872.*) L'article 2102 du Code civil est ainsi modifié à l'égard de la faillite : — Si le bail est résilié, le propriétaire d'immeubles affectés à l'industrie ou au commerce du failli aura privilège pour les deux dernières années de location échues avant le jugement déclaratif de faillite, pour l'année courante, pour tout ce qui concerne l'exécution du bail et pour les dommages-intérêts qui pourront lui être alloués par les tribunaux. — Au cas de non-résiliation, le bailleur, une fois payé de tous les loyers échus, ne pourra pas exiger le payement des loyers en cours ou à échoir, si les sûretés qui lui ont été données lors du contrat sont maintenues, ou si celles qui lui ont été fournies depuis la faillite sont jugées suffisantes. — Lorsqu'il y aura vente et enlèvement des meubles garnissant les lieux loués, le bailleur pourra exercer son privilège comme au cas de résiliation ci-dessus, et, en outre, pour une année à échoir à partir de l'expiration de l'année courante, que le bail ait ou non date certaine. — Les syndics pourront continuer ou céder le bail pour tout le temps restant à courir, à la charge par eux ou leurs cessionnaires de maintenir dans l'immeuble gage suffisant, et d'exécuter, au fur et à mesure des échéances, toutes les obligations résultant du droit ou de la convention, mais sans que la destination des lieux loués puisse être changée. — Dans le cas où le bail contiendrait interdiction de céder le bail ou de sous-louer, les créanciers ne pourront faire leur profit de la location que pour le temps à raison duquel le bailleur aurait touché ses loyers par anticipation et toujours sans que la destination des lieux puisse être changée. — Le privilège et le droit de revendication établis par le n° 4 de l'article 2102 du Code civil au profit du vendeur d'effets mobiliers ne peuvent être exercés contre la faillite. — Co. 574 et s.

551. Les syndics présenteront au juge-commissaire l'état des créanciers se prétendant privilégiés sur les biens meubles, et le juge-commissaire autorisera, s'il y a lieu, le paiement de ces créanciers sur les premiers deniers rentrés .— Si le privilège est contesté, le tribunal prononcera.

SECTION III
DES DROITS DES CRÉANCIERS HYPOTHÉCAIRES ET PRIVILÉGIÉS SUR LES IMMEUBLES

552. Lorsque la distribution du prix des immeubles sera faite antérieurement à celle du prix des biens meubles, ou simultanément, les créanciers privilégiés ou hypothécaires, non remplis sur le prix des immeubles, concourront, à proportion de ce qui leur restera dû, avec les créanciers chirographaires, sur les deniers appartenant à la masse chirographaire, pourvu toutefois que leurs créances aient été vérifiées et affirmées suivant les formes ci-dessus établies. — Co. 491 et s., 497, 565, 571 et s.

553. Si une ou plusieurs distributions de deniers mobiliers précèdent la distribution du prix des immeubles, les créanciers privilégiés et hypothécaires vérifiés et affirmés concourront aux répartitions dans la proportion de leurs créances totales, et sauf, le cas échéant, les distractions dont il sera parlé ci-après.— Co. 491 et s., 497, 503, 521, 552, 565 et s.

554. Après la vente des immeubles et le règlement définitif de l'ordre entre les créanciers hypothécaires et privilégiés, ceux d'entre eux qui viendront en ordre utile sur le prix des immeubles pour la totalité de leur créance ne toucheront le montant de leur collocation hypothécaire que sous la déduction des sommes par eux perçues dans la masse chirographaire. — Les sommes ainsi déduites ne resteront point dans la masse hypothécaire, mais retourneront à la masse chirographaire, au profit de laquelle il en sera fait distraction. — Co. 501, 552 et s., 555 et s.

555. A l'égard des créanciers hypothécaires qui ne seront colloqués que partiellement dans la distribution du prix des immeubles, il sera procédé comme il suit : leurs droits sur la masse chirographaire seront définitivement réglés d'après les sommes dont ils resteront créanciers après leur collocation immobilière, et les deniers qu'ils auront touchés au delà de cette proportion, dans la distribution antérieure, leur seront retenus sur le montant de leur collocation hypothécaire, et reversés dans la masse chirographaire. — Co. 501, 552 et s. 536.

556. Les créanciers qui ne viennent point en ordre utile seront considérés comme chirographaires, et soumis comme tels aux effets du concordat et de toutes les opérations de la masse chirographaire. — Co. 501, 509, 516 et s., 565 et s.

SECTION IV
DES DROITS DES FEMMES

557. En cas de faillite du mari, la femme dont les apports en immeubles ne se trouveraient pas mis en communauté reprendra en nature lesdits immeubles et ceux qui lui seront survenus par succession ou par donation entre vifs ou testamentaires. — Co. 69, 443 et s., 561. — C. 1400 et s., 1493.

558. La femme reprendra pareillement les immeubles acquis par elle et en son nom des deniers provenant desdites successions et donations, pourvu que la déclaration d'emploi soit expressément stipulée au contrat d'acquisition, et que l'origine des deniers soit constatée par inventaire ou par tout autre acte authentique. — Co. 561. — C. 1317, 1435, 1493.

559. Sous quelque régime qu'ait été formé le contrat de mariage, hors le cas prévu par l'article précédent, la présomption légale est que les biens acquis par la femme du failli appartiennent à son mari, ont été payés de ses deniers, et doivent être réunis à la masse de son actif, sauf à la femme à fournir la preuve du contraire. — Co. 562. — C. 1350, 1352, 1392, 1402.

560. La femme pourra reprendre en nature les effets mobiliers qu'elle s'est constitués par contrat de mariage, ou qui lui sont advenus par succession, donation entre vifs ou testamentaire, toutes les fois que l'identité en sera prouvée par inventaire ou par tout autre acte authentique. — A défaut par la femme de faire cette preuve, tous les effets mobiliers tant à l'usage du mari qu'à celui de la femme, sous quelque régime qu'ait été contracté le mariage, seront acquis aux créanciers, sauf aux syndics à lui remettre, avec l'autorisation du juge-commissaire, les habits et linges nécessaires à son usage. — Co. 557, 563. — C. 1317, 1350, 1352.— Pr. 943.

561. L'action en reprise résultant des dispositions des articles 557 et 558 ne sera exercée par la femme qu'à la charge des dettes et hypothèques dont les biens sont également grevés, soit que la femme s'y soit obligée volontairement, soit qu'elle y ait été condamnée. — Co. 563. — C.2124 et s., 2166.

562. Si la femme a payé des dettes pour son mari, la présomption légale est qu'elle l'a fait des deniers de celui-ci, et elle ne pourra, en conséquence, exercer aucune action dans la faillite, sauf la preuve contraire, comme il est dit à l'article 559.— Co. 1350,1352.

563. Lorsque le mari sera commerçant au moment de la célébration du mariage, ou lorsque, n'ayant pas alors d'autre profession déterminée, il sera devenu commerçant dans l'année, les immeubles qui lui appartiendraient à l'époque de la célébration du mariage, ou qui lui seraient advenus depuis, soit par succession, soit par donation entre vifs ou testamentaire, seront seuls soumis à l'hypothèque de la femme : — 1° Pour les deniers et effets mobiliers qu'elle aura apportés en dot, ou qui lui seront advenus depuis le mariage par succession ou donation entre vifs ou testamentaire, et dont elle prouvera la délivrance ou le paiement par acte ayant date certaine ; 2° pour le remploi de ses biens aliénés pendant le mariage; 3° pour l'indemnité des dettes par elle contractées avec son mari. — Co. 1, 560, 564. — C. 75, 1317, 1328, 2121, 2135.

564. La femme dont le mari était commerçant à l'époque de la célébration du mariage, ou dont le mari, n'ayant pas alors d'autre profession déterminée, sera devenu commerçant dans l'année qui suivra cette célébration, ne pourra exercer dans la faillite aucune action à raison des avantages portés au contrat de mariage, et, dans ce cas, les créanciers ne pourront, de leur côté, se prévaloir des avantages faits par la femme au mari dans ce même contrat. — Co. 1, 563.

CHAPITRE VIII

De la répartition entre les créanciers et de la liquidation du mobilier

565. Le montant de l'actif mobilier, distraction faite des frais et dépenses de l'administration de la faillite, des secours qui auraient été accordés au failli ou à sa famille, et des sommes payées aux créanciers privilégiés, sera réparti entre tous les créanciers au marc le franc de leurs créances vérifiées et affirmées. — Co. 489, 491 et s., 497, 503, 552 et s., 556 et s. —

566. A cet effet, les syndics remettront tous les mois, au juge-commissaire, un état de situation de la faillite et des deniers déposés à la caisse des dépôts et consignations ; le juge-commissaire ordonnera, s'il y a lieu, une répartition entre les créanciers, en fixera la quotité, et veillera à ce que tous les créanciers en soient avertis.— Co. 489, 565.

567. Il ne sera procédé à aucune répartition entre les créanciers domiciliés en France, qu'après la mise en réserve de la part correspondante aux créances pour lesquelles les créanciers domiciliés hors du territoire continental de la France seront portés sur le bilan. — Lorsque ces créances ne paraîtront pas portées sur le bilan d'une manière exacte, le juge-commissaire pourra décider que la réserve sera augmentée, sauf aux syndics à se pourvoir contre cette décision devant le tribunal de commerce. — Co. 492, 522.

568. Cette part sera mise en réserve et demeurera à la caisse des dépôts et consignations jusqu'à l'expiration du délai déterminé par le dernier paragraphe de l'article 492 ; elle sera répartie entre les créanciers reconnus, si les créanciers domiciliés en pays étranger n'ont pas fait vérifier leurs créances conformément aux dispositions de la présente loi. — Une pareille réserve sera faite pour raison de créances sur l'admission desquelles il n'aurait pas été statué définitivement. — Co. 489, 493 et s., 555, 567.

569. Nul paiement ne sera fait par les syndics que sur la représentation du titre constitutif de la créance. — Les créanciers mentionneront sur le titre la somme payée par eux ou ordonnancée conformément à l'article 489.— Néanmoins, en cas d'impossibilité de représenter le titre, le juge-commissaire pourra autoriser le paiement sur le vu du procès-verbal de vérification. — Dans tous les cas, le créancier donnera la quittance en marge de l'état de répartition. — Co. 495.

570. L'union pourra se faire autoriser par le tribunal de commerce, le failli dûment appelé, à traiter à forfait de tout ou partie des droits et actions dont le recouvrement n'aurait pas été opéré, et à les aliéner ; en ce cas, les syndics feront tous les actes nécessaires. — Tout créancier pourra s'adresser au juge-commissaire pour provoquer une délibération de l'union à cet égard. — Co. 487, 532, 535.

CHAPITRE IX

De la vente des immeubles du failli

571. A partir du jugement qui déclarera la faillite, les créanciers ne pourront poursuivre l'expropriation des immeubles sur lesquels ils n'auront pas d'hypothèques.— Co. 440, 443, 527, 534, 539.— C. 2094 et s., 2114, 2166.

572. S'il n'y a pas de poursuite en expropriation des immeubles commencée avant l'époque de l'union, les syndics seuls seront admis à poursuivre la vente ; ils seront tenus d'y procéder dans la huitaine, sous l'autorisation du juge-commissaire, suivant les formes prescrites pour la vente des biens des mineurs. — Co. 529, 534. — Pr. 957 et s.

573. La surenchère, après adjudication des immeubles du failli sur la poursuite des syndics, n'aura lieu qu'aux conditions et dans les formes suivantes : — La surenchère devra être faite dans la quinzaine. — Elle ne pourra être au-dessous du dixième du prix principal de l'adjudication. Elle sera faite au greffe du tribunal civil, suivant les formes prescrites par les articles 708 et 709 du Code de procédure civile ; toute personne sera admise à surenchérir.— Toute personne sera également admise à concourir à l'adjudication par suite de surenchère. Cette adjudication demeurera définitive et ne pourra être suivie d'aucune autre surenchère. — C. 2185. — Pr. 708 et s.

CHAPITRE X

De la revendication

574. Pourront être revendiqués, en cas de faillite, les remises en effets de commerce ou autres titres non encore payés, et qui se trouveront en nature dans le portefeuille du failli à l'époque de sa faillite, lorsque ces remises auront été faites par le propriétaire, avec le simple mandat d'en faire le recouvrement et d'en garder la valeur à sa disposition, ou lorsqu'elles auront été, de sa part, spécialement affectées à des paiements déterminés. — Co. 91 et s., 110, 138, 187, 437, 550.

575. Pourront être également revendiquées, aussi longtemps qu'elles existeront en nature, en tout ou en partie, les marchandises consignées au failli à titre de dépôt, pour être vendues pour le compte du propriétaire. — Pourra même être revendiqué le prix ou la partie du prix desdites marchandises qui n'aura été ni payé, ni réglé en valeur, ni compensé en compte courant entre le failli et l'acheteur. — Co. 93 et s.

576. Pourront être revendiquées les marchandises expédiées au failli, tant que la tradition n'en aura point été effectuée dans ses magasins, ou dans ceux du commissionnaire chargé de les vendre pour le compte du failli. — Néanmoins, la revendication ne sera pas recevable si, avant leur arrivée, les marchandises ont été vendues sans fraude, sur factures et connaissements ou lettres de voiture signées par l'expéditeur. — Le revendiquant sera tenu de rembourser à la masse les acomptes par lui reçus, ainsi que toutes avances faites pour fret ou voiture, commission, assurance ou autres frais, et de payer les sommes qui seraient dues pour même cause. — Co. 91 et s., 102, 222, 281, 286, 332, 550. — C. 1184, 1650, 1651, 2102.

577. Pourront être retenues par le vendeur les marchandises, par lui vendues, qui ne seront pas délivrées au failli, ou qui n'auront pas encore été expédiées, soit à lui, soit à un tiers pour son compte.— Co. 576. — C. 1612 et s.

578. Dans le cas prévu par les deux articles précédents, et sous l'autorisation du juge-commissaire, les syndics auront la faculté d'exiger la livraison des marchandises en payant au vendeur le prix convenu entre lui et le failli. — Co. 443. — C. 1122, 1184, 1650.

579. Les syndics pourront, avec l'approbation du juge-commissaire, admettre les demandes en revendication ; s'il y a contestation, le tribunal prononcera après avoir entendu le juge-commissaire. — Co. 635.

CHAPITRE XI

Des voies de recours contre les jugements rendus en matière de faillite (1).

580. Le jugement déclaratif de la faillite, et celui qui fixera à une date antérieure l'époque de la cessation de paiements, seront susceptibles d'opposition, de la part du failli, dans la huitaine, et de la part de toute autre partie intéressée, pendant un mois. Ces délais courront à partir des jours où les formalités de l'affiche et de l'insertion énoncées dans l'article 442 auront été accomplies. — Co. 440 et s.

581. Aucune demande des créanciers tendant à faire fixer la date de la cessation des paiements à une époque autre que celle qui résulterait du jugement déclaratif de faillite, ou d'un jugement postérieur, ne sera recevable après l'expiration des délais pour la vérification et l'affirmation des créances. Ces délais expirés, l'époque de la cessation de paiements demeurera irrévocablement déterminée pour les créanciers. — Co. 440 et s., 493, 497, 580.

582. Le délai d'appel, pour tout jugement rendu en matière de faillite, sera de quinze jours seulement à compter de la signification. — Ce délai sera augmenté à raison d'un jour par cinq myriamètres pour les parties qui seront domiciliées à une distance excédant cinq myriamètres du lieu où siège le tribunal. — Co. 448, 482. — Pr. 443, 456, 1033.

583. Ne seront susceptibles ni d'opposition, ni d'appel, ni de recours en cassation : — 1° Les jugements relatifs à la nomination ou au remplacement du juge-commissaire, à la nomination ou à la révocation des syndics ; — 2° Les jugements qui statuent sur les demandes de sauf-conduit et sur celles de secours pour le failli et sa famille ; — 3° Les jugements qui autorisent la vente des effets ou marchandises appartenant à la faillite ; — 4° Les jugements qui prononcent sursis au concordat, ou admission provisionnelle de créanciers contestés ; — 5° Les jugements par lesquels le tribunal de commerce statue sur les recours formés contre les ordonnances rendues par le juge-commissaire dans les limites de ses attributions. — Co. 453, 466, 472 et s., 486, 499, 500, 510, 530, 567.

TITRE II

Des banqueroutes

CHAPITRE PREMIER

De la banqueroute simple

584. Les cas de banqueroute simple seront punis des peines portées au Code pénal, et jugés par les tribunaux de police correctionnelle, sur la poursuite des syndics, de tout créancier, ou du ministère public. — Co. 89, 459, 482 et s., 585 et s., 589, 612. — I. cr. 179 et s. — P. 402, 404.

585. Sera déclaré banqueroutier simple tout commerçant failli qui se trouvera dans un des cas suivants : — 1° Si ses dépenses personnelles ou les dépenses de sa maison sont jugées excessives ; — 2° S'il a consommé de fortes sommes, soit à des opérations de pur

hasard, soit à des opérations fictives de bourse ou sur marchandises ; — 3° Si, dans l'intention de retarder sa faillite, il a fait des achats pour revendre au-dessous du cours ; si, dans la même intention, il s'est livré à des emprunts, circulation d'effets, ou autres moyens ruineux de se procurer des fonds ; — 4° Si, après une cessation de ses paiements, il a payé un créancier au préjudice de la masse.—Co. 89, 584.—P. 419, 421 et s.

586. Pourra être déclaré banqueroutier simple tout commerçant failli qui se trouvera dans un des cas suivants : — 1° S'il a contracté, pour le compte d'autrui, sans recevoir des valeurs en échange, des engagements jugés trop considérables eu égard à sa situation lorsqu'il les a contractés ; — 2° S'il est de nouveau déclaré en faillite sans avoir satisfait aux obligations d'un précédent concordat ; — 3° Si, étant marié sous le régime dotal, ou séparé de biens, il ne s'est pas conformé aux articles 69 et 70 ; — 4° Si, dans les quinze (1) jours de la cessation de ses paiements, il n'a pas fait au greffe la déclaration exigée par les articles 438 et 439, ou si cette déclaration ne contient pas les noms de tous les associés solidaires ; — 5° Si, sans empêchement légitime, il ne s'est pas présenté en personne aux syndics dans les cas et les délais fixés, ou si, après avoir obtenu un sauf-conduit, il ne s'est pas représenté à justice ; — 6° S'il n'a pas tenu de livres et fait exactement inventaire ; si ses livres ou inventaires sont incomplets ou irrégulièrement tenus, ou s'ils n'offrent pas sa véritable situation active ou passive, sans néanmoins qu'il y ait fraude.—Co. 8 et s.

587. Les frais de poursuite en banqueroute simple intentée par le ministère public ne pourront, en aucun cas, être mis à la charge de la masse. — En cas de concordat, le recours du trésor public contre le failli pour ces frais ne pourra être exercé qu'après l'expiration des termes accordés par ce traité. — Co. 461. — I. cr. 194.

588. Les frais de poursuite intentée par les syndics, au nom des créanciers, seront supportés, s'il y a acquittement, par la masse, et s'il y a condamnation, par le trésor public, sauf son recours contre le failli, conformément à l'article précédent.

589. Les syndics ne pourront intenter de banqueroute simple, ni se porter partie civile au nom de la masse, qu'après y avoir été autorisés par une délibération prise à la majorité individuelle des créanciers présents. — Co. 584, 592. — I. cr. 63.

590. Les frais de poursuite intentée par un créancier seront supportés, s'il y a condamnation, par le trésor public ; s'il y a acquittement, par le créancier poursuivant. — Co. 587 et s.

CHAPITRE II

De la banqueroute frauduleuse

591. Sera déclaré banqueroutier frauduleux, et puni des peines portées au Code pénal, tout commerçant failli qui aura soustrait ses livres, détourné ou dissimulé une partie de son actif, ou qui, soit dans ses écritures, soit par des actes publics ou des engagements sous signature privée, soit par son bilan, se sera frauduleusement reconnu débiteur de sommes qu'il ne devait pas. — Co. 89, 437, 612. — P. 402, 404, 463.

592. Les frais de poursuite en banqueroute frauduleuse ne pourront, en aucun cas, être mis à la charge de la masse. — Si un ou plusieurs créanciers

---

(1) L. 4 mars 1889, art. 4.

(1) L. 4 mars 1889, art. 23, le texte portait *trois* jours.

se sont rendus parties civiles en leur nom personnel, les frais, en cas d'acquittement, demeureront à leur charge. — Co. 588 et s., 590. — I. cr. 63, 368.

CHAPITRE III

Des crimes et des délits commis dans les faillites par d'autres que par les faillis

593. Seront condamnés aux peines de la banqueroute frauduleuse : — 1° Les individus convaincus d'avoir, dans l'intérêt du failli, soustrait, recélé ou dissimulé tout ou partie de ses biens, meubles ou immeubles ; le tout sans préjudice des autres cas prévus par l'article 60 du Code pénal ; — 2° les individus convaincus d'avoir frauduleusement présenté dans la faillite et affirmé, soit en leur nom, soit par interposition de personnes, des créances supposées ; — 3° Les individus qui, faisant le commerce sous le nom d'autrui ou sous un nom supposé, se seront rendus coupables de faits prévus en l'article 591. — Co. 497. — P. 402 et s., 405, 463.

594. Le conjoint, les descendants ou les ascendants du failli, ou ses alliés aux mêmes degrés, qui auraient détourné, diverti ou recélé des effets appartenant à la faillite, sans avoir agi de complicité avec le failli, seront punis des peines du vol. — C. 735 et s. — P. 401, 463.

595. Dans les cas prévus par les articles précédents, la cour ou le tribunal saisis statueront, lors même qu'il y aurait acquittement : 1° d'office sur la réintégration à la masse des créanciers de tous biens, droits ou actions frauduleusement soustraits ; 2° sur les dommages-intérêts qui seraient demandés, et que le jugement ou l'arrêt arbitrera. — C. 1149, 1382. — Co. 472. — Pr. 126, 128. — I. cr. 191, 358. — P. 52.

596. Tout syndic qui se sera rendu coupable de malversation dans sa gestion sera puni correctionnellement des peines portées en l'article 406 du Code pénal. — Co. 462. — P. 463.

597. Le créancier qui aura stipulé, soit avec le failli, soit avec toutes autres personnes, des avantages particuliers à raison de son vote dans les délibérations de la faillite, ou qui aura fait un traité particulier duquel résulterait en sa faveur un avantage à la charge de l'actif du failli, sera puni correctionnellement d'un emprisonnement qui ne pourra excéder une année, et d'une amende qui ne pourra être au-dessus de deux mille francs. — L'emprisonnement pourra être porté à deux ans si le créancier est syndic de la faillite.

598. Les conventions seront, en outre, déclarées nulles à l'égard de toutes personnes, et même à l'égard du failli. — Le créancier sera tenu de rapporter à qui de droit les sommes ou valeurs qu'il aura reçues en vertu des conventions annulées.— Co. 449, 597.

599. Dans le cas où l'annulation des conventions serait poursuivie par la voie civile, l'action sera portée devant les tribunaux de commerce. — Co. 635.

600. Tous arrêts et jugements de condamnation rendus, tant en vertu du présent chapitre que des deux chapitres précédents, seront affichés et publiés suivant les formes établies par l'article 42 du Code de commerce, aux frais des condamnés. — Co. 442.

CHAPITRE IV

De l'administration des biens en cas de banqueroute

601. Dans tous les cas de poursuite et de condam-

nation pour banqueroute simple ou frauduleuse, les actions civiles autres que celles dont il est parlé dans l'article 595 resteront séparées, et toutes les dispositions relatives aux biens, prescrites pour la faillite, seront exécutées sans qu'elles puissent être attribuées ni évoquées aux tribunaux de police correctionnelle, ni aux cours d'assises. — Co. 584 et s., 591, 631, 635.

602. Seront cependant tenus les syndics de la faillite de remettre au ministère public les pièces, titres, papiers et renseignements qui leur seront demandés. — Co. 459, 482 et s., 603.

603. Les pièces, titres et papiers délivrés par les syndics seront, pendant le cours de l'instruction, tenus en état de communication par la voie du greffe ; cette communication aura lieu sur la réquisition des syndics, qui pourront y prendre des extraits privés, ou en requérir d'authentiques, qui leur seront expédiés par le greffier. — Les pièces, titres et papiers dont le dépôt judiciaire n'aurait pas été ordonné seront, après l'arrêt ou le jugement, remis aux syndics, qui en donneront décharge. — Co. 491, 602. — Pr. 189, 853.

TITRE III

De la réhabilitation (1)

604. Le failli qui aura intégralement acquitté, en principal, intérêts et frais, toutes les sommes par lui dues, pourra obtenir sa réhabilitation (1). — Il ne pourra l'obtenir, s'il est l'associé d'une maison de commerce tombée en faillite, qu'après avoir justifié que toutes les dettes de la société ont été intégralement acquittées en principal, intérêts et frais, lors même qu'un concordat particulier lui aurait été consenti. — Co. 37, 83, 351, 438, 458.

605. Toute demande en réhabilitation sera adressée à la cour d'appel dans le ressort de laquelle le failli sera domicilié. Le demandeur devra joindre à sa requête les quittances et autres pièces justificatives. — Co. 102, 610.

606. Le procureur général près la cour d'appel, sur la communication qui lui aura été faite de la requête, en adressera des expéditions certifiées de lui au procureur de la République et au président du tribunal de commerce du domicile du demandeur, et si celui-ci a changé de domicile depuis la faillite, au procureur de la République et au président du tribunal de commerce de l'arrondissement où elle a eu lieu, en les chargeant de recueillir tous les renseignements qu'ils pourront se procurer sur la vérité des faits exposés. — Co. 605.

(1) Déchéances et incapacités qu'entraîne la faillite : Co. 83, 613. — I. Cr. 619. — L. 25 ventôse an IX, art. 9 (acte notarié); D. 8 juin 1806; D. 16 janvier 1808, art. 50; Ordonn. 8 décembre 1824 ; D. 2 février 1852, art. 15, 17° (ni éligible ni électeur à Chambre des députés); DD. 16 mars 1852, art. 39; 24 novembre 1852, art. 2, 7 (port de décoration et médaille militaire prohibé); L. 1er juin 1853, art. 6 (ne peut figurer dans les conseils de prud'hommes); L. 10 juillet 1866, art. 2 (n'est pas courtier inscrit); L. 10 août 1871, art. 5, 6; D. 22 janvier 1872, art. 1, 3, 4 (ni électeur ni éligible aux conseils généraux, conseils d'arrondissement, chambres de commerce, chambres consultatives des arts et manufactures); L. 8 décembre 1883, art. 2; L. 5 avril 1884, art. 14, 32 (ni électeur ni éligible aux tribunaux de commerce, aux conseils municipaux); L. 9 décembre 1884, art. 4 (ni électeur ni éligible au Sénat). — Rapprocher de ces textes l'art. 21 de la loi du 4 mars 1889, sur le débiteur depuis le jugement d'ouverture de la liquidation judiciaire.

607. A cet effet, à la diligence tant du procureur de la République que du président du tribunal de commerce, copie de ladite requête sera affichée pendant un délai de deux mois, tant dans les salles d'audience de chaque tribunal qu'à la bourse et à la maison commune, et sera inséré par extrait dans les papiers publics. — Co. 605 et s.

608. Tout créancier qui n'aura pas été payé intégralement du sa créance en principal, intérêts et frais, et toute autre partie intéressée, pourra, pendant la durée de l'affiche, former opposition à la réhabilitation par simple acte au greffe, appuyé des pièces justificatives. Le créancier opposant ne pourra jamais être partie dans la procédure de réhabilitation. — Co. 607, 609 et s.

609. Après l'expiration de deux mois, le procureur de la République et le président du tribunal de commerce transmettront chacun séparément, au procureur général près la cour d'appel, les renseignements qu'ils auront recueillis et les oppositions qui auront pu être formées. Ils y joindront leurs avis sur la demande. — Co. 607 et s.

610. Le procureur général près la cour d'appel fera rendre arrêt portant admission ou rejet de la demande en réhabilitation. Si la demande est rejetée, elle ne pourra être reproduite qu'après une année d'intervalle. — Co. 604, 606 et s., 611.

611. L'arrêt portant réhabilitation sera transmis aux procureurs de la République et aux présidents des tribunaux auxquels la demande aura été adressée. Ces tribunaux en feront faire la lecture publique et la transcription sur leurs registres. — Co. 606.

612. Ne seront point admis à la réhabilitation les banqueroutiers frauduleux, les personnes condamnées pour vol, escroquerie ou abus de confiance, les stellionataires, ni les tuteurs, administrateurs ou autres comptables qui n'auront pas rendu et soldé leurs comptes. — Pourra être admis à la réhabilitation le banqueroutier simple qui aura subi la peine à laquelle il aura été condamné. — Co. 540, 591. — C. 2059. — P. 379, 408 et s.

613. Nul commerçant failli ne pourra se présenter à la bourse, à moins qu'il n'ait obtenu sa réhabilitation. — Co. 71, 83, 604, 611.

614. Le failli pourra être réhabilité après sa mort.— Co. 437, 478.

LIVRE QUATRIÈME

DE LA JURIDICTION COMMERCIALE

TITRE PREMIER

De l'organisation des tribunaux de commerce

615. Un règlement d'administration publique déterminera le nombre des tribunaux de commerce, et les villes qui seront susceptibles d'en recevoir par l'étendue de leur commerce et de leur industrie (1). — Co. 631 et s., 640 et s.

616. L'arrondissement de chaque tribunal de commerce sera le même que celui du tribunal civil dans le ressort duquel il sera placé; et s'il se trouve plusieurs tribunaux de commerce dans le ressort d'un seul tribunal civil, il leur sera assigné des arrondissements particuliers.

617. (*Ainsi modifié, L. 18 juillet 1889.*) Chaque tribunal de commerce sera composé d'un président, de juges et de suppléants. — Le nombre des juges ne peut être inférieur à deux, non compris le président. — Un règlement d'administration publique fixera pour chaque tribunal le nombre des juges et des juges suppléants. — Co. 618 et s., 646.

618. (2). (*Loi du 21 déc. 1871.*) Les membres des tribunaux de commerce seront nommés dans une assemblée d'électeurs pris parmi les commerçants recommandables pour leur probité, esprit d'ordre et d'économie. — Pourront aussi être appelés à cette réunion les directeurs des compagnies anonymes de commerce,

(1) V. D. 6 oct. 1809, *concernant l'organisation des tribunaux de commerce.*

(2) Élection des juges, V. L. 8 décembre 1883.

de finance et d'industrie, les agents de change et les capitaines au long cours et les maîtres au cabotage ayant commandé des bâtiments pendant cinq ans et domiciliés depuis deux ans dans le ressort du tribunal. Le nombre des électeurs sera égal au dixième des commerçants inscrits à la patente : il ne pourra dépasser mille, ni être inférieur à cinquante; dans le département de la Seine, il sera de trois mille.

619. (*Loi du 21 déc. 1871.*) La liste des électeurs sera dressée par une commission composée : — 1° Du président du tribunal de commerce, qui présidera, et d'un juge au tribunal de commerce. Pour la première élection qui suivra la création d'un tribunal, on appellera dans la commission le président du tribunal civil et un juge au même tribunal; — 2° Du président et d'un membre de la chambre de commerce; si le président de la chambre de commerce est en même temps président du tribunal, on appellera un autre membre de la chambre; dans les villes où il n'existe pas de chambre de commerce, on appellera le président et un autre membre de la chambre consultative des arts et métiers; à défaut, on appellera un conseiller municipal; — 3° De trois conseillers généraux choisis, autant que possible, parmi les membres élus dans les cantons du ressort du tribunal; — 4° Du président du conseil des prud'hommes, et, s'il y en a plusieurs, du plus âgé des présidents; à défaut du conseil des prud'hommes, on appellera la commission le juge de paix ou le plus âgé des juges de paix de la ville où siège le tribunal; — 5° Du maire de la ville où siège le tribunal de commerce, et à Paris du président du conseil municipal.— Les juges au tribunal de commerce, les membres de la chambre de commerce, les juges du tribunal civil, les conseillers généraux et les conseillers municipaux, dans les cas prévus aux paragraphes précédents, seront élus par les corps auxquels ils appartiennent. Chaque année, la commission remplira les vacances provenant de décès ou d'incapacités légales survenues depuis la dernière revision. Elle ajoutera à la liste, en sus du nombre d'électeurs fixés par l'article 619, les anciens membres de la chambre et du tribunal de commerce, et les anciens présidents des conseils des prud'hommes. Ne pourront être portés sur la liste ni participer à l'élection, s'ils y avaient été portés : — 1º Les individus condamnés soit à des peines afflictives ou infamantes, soit à des peines correctionnelles pour des faits qualifiés crimes par la loi, ou pour délit de vol, escroquerie, abus de confiance, usure, attentats aux mœurs, soit pour contrebande quand la condamnation pour ce dernier délit aura été d'un mois au moins d'emprisonnement ; — 2º Les individus condamnés pour contravention aux lois sur les maisons de jeu, les loteries et les maisons de prêt sur gages : — 3º Les individus condamnés pour les délits prévus aux articles 413, 414, 419, 420, 421, 423, 430, § 2, du Code pénal, et aux articles 596 et 597 du Code de commerce ; — 4º Les officiers ministériels destitués ; — 5º Les faillis non réhabilités, et généralement tous ceux que la loi électorale prive du droit de voter aux élections législatives. — La liste sera envoyée au préfet, qui la fera publier et afficher. Un exemplaire signé par le président du tribunal de commerce sera déposé au greffe du tribunal de commerce. Tout patenté du ressort aura le droit d'en prendre connaissance et, à toute époque, de demander la radiation des électeurs qui se trouveraient dans un des cas d'incapacité ci-dessus. L'action sera portée sans frais devant le tribunal civil, qui prononcera en la chambre du conseil. En appel, la cour statuera dans la même forme (1).

620. (1). (*Loi 5 déc. 1876.*) Tout commerçant ou agent de change âgé de trente ans, inscrit à la patente depuis cinq ans et domilié, au moment de l'élection, dans le ressort du tribunal ; toute personne ayant rempli pendant cinq ans les fonctions de directeur de société anonyme, tout capitaine au long cours et maître au cabotage ayant commandé pendant cinq ans, justifiant des mêmes conditions d'âge et de domicile, porté sur la liste des électeurs ou étant dans les conditions voulues pour y être inscrit, pourra être nommé juge ou suppléant. — (*Loi 21 déc. 1871.*) Les anciens commerçants et agents de change seront éligibles s'ils ont exercé leur commerce pendant le même temps. — Nul ne pourra être nommé juge s'il n'a été nommé suppléant. — Le président ne pourra être choisi que parmi les anciens juges (1).

621. (1) (*Loi 21 déc. 1871*). L'élection sera faite au scrutin de liste pour les juges et les suppléants, et au scrutin individuel pour le président. Lorsqu'il s'agira d'élire le président, l'objet spécial de cette élection sera annoncé avant d'aller au scrutin. — Les élections se feront dans le local du tribunal de commerce, sous la présidence du maire du chef-lieu où siège le tribunal, assisté de quatre assesseurs qui seront les deux plus jeunes et les deux plus âgés des électeurs présents.— La convocation des électeurs sera faite, dans la première quinzaine de décembre, par le préfet du département. — Au premier tour de scrutin, nul ne sera élu s'il n'a réuni la majorité plus un des suffrages exprimés et un nombre égal au quart du nombre des électeurs inscrits. Au deuxième tour, qui aura lieu huit jours après, la majorité relative sera suffisante.

La durée de chaque scrutin sera de deux heures au moins. — Le procès-verbal sera dressé en triple original, et le président en transmettra un exemplaire au préfet et un autre au procureur général ; le troisième sera déposé au greffe du tribunal. Tout électeur pourra, dans les cinq jours après l'élection, attaquer les opérations devant la Cour d'appel, qui statuera sommairement et sans frais. Le procureur général aura un délai de dix jours pour demander la nullité (1).

622. (1). A la première élection, le président et la moitié des juges et des suppléants dont le tribunal sera composé seront nommés pour deux ans; la seconde moitié des juges et des suppléants sera nommée pour un an : aux élections postérieures, toutes les nominations seront faites pour deux ans. — Tous les membres compris dans une même élection seront soumis simultanément au renouvellement *périodique*, encore bien que l'institution de l'un ou de plusieurs d'entre eux ait été différée (2).

623. Le président et les juges, sortant d'exercice après deux années, pourront être réélus immédiatement pour deux autres années. Cette nouvelle période expirée, ils ne seront éligibles qu'après un an d'intervalle.— Tout membre élu en remplacement d'un autre, par suite de décès ou de toute autre cause, ne demeurera en exercice que pendant la durée du mandat confié à son prédécesseur (3).

624. Il y aura près de chaque tribunal un greffier et des huissiers nommés par le président de la République : leurs droits, vacations et devoirs, seront fixés par un règlement d'administration publique.

625. Il sera établi, pour la ville de Paris seulement, des gardes du commerce pour l'exécution des jugements emportant la contrainte par corps; la forme de leur organisation et leurs attributions seront déterminées par un règlement particulier (4).

626. Les jugements dans les tribunaux de commerce seront rendus par trois juges au moins; aucun suppléant ne pourra être appelé que pour compléter ce nombre (5).— *Ajouté par la loi du 5 décembre 1876.*) Lorsque, par des récusations ou empêchements, il ne restera pas un nombre suffisant de juges ou de juges suppléants, il y sera pourvu au moyen d'une liste formée annuellement par chaque tribunal de commerce entre les éligibles du ressort, et, en cas d'insuffisance, entre les électeurs, ayant les uns et les autres leur résidence dans la ville où siège le tribunal. — Cette liste sera de cinquante noms à Paris, de vingt-cinq noms pour les tribunaux de neuf membres, de quinze noms pour les autres tribunaux. — Les juges complémentaires seront appelés dans l'ordre fixé par un tirage au sort fait en séance publique par le président du tribunal, entre tous les noms de la liste (6).

627. Le ministère des avoués est interdit dans les tribunaux de commerce, conformément à l'article 414 du Code de procédure civile; nul ne pourra plaider pour une partie devant ces tribunaux, si la partie, présente à l'audience, ne l'autorise, ou s'il n'est muni d'un pouvoir spécial. Ce pouvoir, qui pourra être donné au bas de l'original ou de la copie de l'assigna-

(1) *Modifié pour ce qui concerne les tribunaux de commerce*, V. L. 8 décembre 1883, art. 3, 8.

(1) *Modifié pour ce qui concerne les tribunaux de commerce*, V. L. 8 décembre 1883.
(2) Ce dernier paragraphe a été ajouté à l'ancien texte du Code en exécution de l'art. 6 de la loi du 3 mars 1840. V. L. 8 décembre 1883, art. 13, 18.
(3) *Ainsi rectifié par la loi du 3 mars 1840, art. 3. Mais* V. L. 8 décembre 1883, art. 13.
(4) La contrainte par corps est supprimée. L. 22 juillet 1867.
(5) *Modifié.* V. L. 8 décembre 1883.
(6) *Modifié.* V. L. 8 décembre 1883.

tion, sera exhibé au greffier avant l'appel de la cause, et par lui visé sans frais. — Dans les causes portées devant les tribunaux de commerce, aucun huissier ne pourra, ni assister comme conseil, ni représenter les parties en qualité de procureur fondé, à peine d'une amende de vingt-cinq à cinquante francs, qui sera prononcée, sans appel, par le tribunal, sans préjudice des peines disciplinaires contre les huissiers contrevenants. — Cette disposition n'est pas applicable aux huissiers qui se trouveront dans l'un des cas prévus par l'article 85 du Code de procédure civile (1). — P. 414.

628. Les fonctions de juges de commerce sont seulement honorifiques.

629. Ils prêtent serment avant d'entrer en fonctions, à l'audience de la cour d'appel, lorsqu'elle siège dans l'arrondissement communal où le tribunal de commerce est établi : dans le cas contraire, la cour d'appel commet, si les juges de commerce le demandent, le tribunal civil de l'arrondissement pour recevoir leur serment ; et, dans ce cas, le tribunal dresse procès-verbal et l'envoie à la cour d'appel, qui en ordonne l'insertion dans ses registres. Ces formalités sont remplies sur les conclusions du ministère public et sans frais (2).

630. Les tribunaux de commerce sont dans les attributions et sous la surveillance du ministère de la justice.

TITRE II
De la compétence des tribunaux de commerce

631. (*Ainsi mod. L. 17 juillet 1856.*) Les tribunaux de commerce connaîtront : 1° des contestations relatives aux engagements et transcriptions entre négociants, marchands et banquiers ; 2° des contestations entre associés, pour raison d'une société de commerce ; 3° de celles relatives aux actes de commerce entre toutes personnes. — Co. 1, 632 et s. — Pr. 442.

632. (*L. 7 juin 1894.*) La loi répute actes de commerce : — Tout achat de denrées et marchandises pour les revendre, soit en nature, soit après les avoir travaillées et mises en œuvre, ou même pour en louer simplement l'usage ; — Toute entreprise de manufactures, de commission, de transport par terre ou par eau ; — Toute entreprise de fournitures, d'agences, bureaux d'affaires, établissements de ventes à l'encan, de spectacles publics ; — Toute opération de change, banque et courtage ; — Toutes les opérations des banques publiques ; — Toutes obligations entre négociants, marchands et banquiers ; — Entre toutes personnes, les lettres de change. — Co. 110 et s., 631, 633, 640.

633. La loi répute pareillement actes de commerce : — Toute entreprise de construction, et tous achats, ventes et reventes de bâtiments pour la navigation intérieure et extérieure ; — Toutes expéditions maritimes ; — Tout achat ou vente d'agrès, apparaux et avitaillements ; — Tout affrètement ou nolisement, emprunt ou prêt à la grosse ; toutes assurances et autres contrats concernant le commerce de mer ; — Tous accords et conventions pour salaires et loyers d'équipages : — Tous engagements de gens de mer, pour le service de bâtiments de commerce. — Co. 190, 195, 223, 250 et s., 273, 286, 311, 332, 631 et s.

634. Les tribunaux de commerce connaîtront également : — 1° Des actions contre les facteurs, commis des marchands ou leurs serviteurs, pour le fait seulement du trafic du marchand auquel ils sont attachés ; — 2° Des billets faits par les receveurs, payeurs, percepteurs ou autres comptables des deniers publics. — Co. 638.

635. (*L. 28 mai 1838.*) Les tribunaux de commerce connaîtront de tout ce qui concerne les faillites, conformément à ce qui est prescrit au livre troisième du présent Code. — Co. 437 et s.

636. Lorsque les lettres de change ne seront réputées que simples promesses, aux termes de l'article 112, ou lorsque les billets à ordre ne porteront que des signatures d'individus non négociants, et n'auront pas pour occasion des opérations de commerce, trafic, change, banque ou courtage, le tribunal de commerce sera tenu de renvoyer au tribunal civil, s'il en est requis par le défendeur. — Co. 110, 112, 113, 187, 637. — Pr. 168 et s.

637. Lorsque ces lettres de change et ces billets porteront en même temps des signatures d'individus négociants et d'individus non négociants, le tribunal de commerce en connaîtra ; mais il ne pourra prononcer la contrainte par corps contre les individus non négociants, à moins qu'ils ne se soient engagés à l'occasion d'opérations de commerce, trafic, change, banque ou courtage (1). — Co. 632 et s., 634, 636. — C. 2063. — Pr. 126.

638. Ne seront point de la compétence des tribunaux de commerce les actions intentées contre un propriétaire, cultivateur ou vigneron pour vente de denrées provenant de son crû, les actions intentées contre un commerçant, pour paiement de denrées et marchandises achetées pour son usage particulier. — Néanmoins les billets souscrits par un commerçant seront censés faits pour son commerce, et ceux des receveurs, payeurs, percepteurs ou autres comptables de deniers publics, seront censés faits pour leur gestion, lorsqu'une autre cause n'y sera pas énoncée. — Co. 1, 110, 112, 187, 632, 634, 636 et s. — C. 1350, 1352.

639. (*L. 3 mars 1840, art. 1er.*) Les tribunaux de commerce jugeront en dernier ressort : — 1° Toutes les demandes dans lesquelles les parties justiciables de ces tribunaux, et usant de leurs droits, auront déclaré vouloir être jugées définitivement et sans appel ; — 2° Toutes les demandes dont le principal n'excédera pas la valeur de quinze cents francs ; — 3° Les demandes reconventionnelles ou en compensation, lors même que, réunies à la demande principale, elles excéderaient quinze cents francs. — Si l'une des demandes principale ou reconventionnelle s'élève au-dessus des limites ci-dessus indiquées, le tribunal ne prononcera sur toutes qu'en premier ressort. — Néanmoins il sera statué en dernier ressort sur les demandes en dommages-intérêts, lorsqu'elles seront fondées exclusivement sur la demande principale elle-même. — Co. 646. — Pr. 453.

640. Dans les arrondissements où il n'y aura pas de tribunaux de commerce, les juges du tribunal civil exerceront les fonctions et connaîtront des matières attribuées aux juges de commerce par la présente loi.

641. L'instruction, dans ce cas, aura lieu dans la même forme que devant les tribunaux de commerce, et les jugements produiront les mêmes effets.

---

(1) Les deux derniers paragraphes de cet article ont été ajoutés à l'ancien texte du Code, en exécution de l'art. 4 de la loi du 3 mars 1840.

(2) L. 8 décembre 1883, art. 14.

(1) La contrainte par corps est supprimée. V. L. 22 juillet 1867.

TITRE III

De la forme de procéder devant les tribunaux de commerce

642. La forme de procéder devant les tribunaux de commerce sera suivie telle qu'elle a été réglée par le titre XXV du livre II de la première partie du Code de procédure civile. — Pr. 414-442.

643. Néanmoins les articles 156, 158 et 159 du même Code, relatifs aux jugements par défaut rendus par les tribunaux inférieurs, seront applicables aux jugements par défaut rendus par les tribunaux de commerce.

644. Les appels des jugements des tribunaux de commerce seront portés par-devant les cours dans le ressort desquelles ces tribunaux sont situés. — Pr. 443 et s.

TITRE IV

De la forme de procéder devant les cours d'appel

645. (*Ainsi remplacé, L. 3 mai 1862*). Le délai pour interjeter appel des jugements des tribunaux de commerce sera de deux mois, à compter du jour de la signification du jugement, pour ceux qui auront été rendus contradictoirement, et du jour de l'expiration du délai de l'opposition, pour ceux qui auront été rendus par défaut : l'appel pourra être interjeté du jour même du jugement. — Co. 643. — Pr. 443 et s.

646. (*Ainsi rectifié, L. 3 mars 1840, art. 2*). Dans les limites de la compétence fixée par l'article 639 pour le dernier ressort, l'appel ne sera pas reçu encore que le jugement n'énonce pas qu'il est rendu en dernier ressort et même quand il énoncerait qu'il est rendu à la charge d'appel. — Pr. 483.

647. Les cours d'appels ne pourront, en aucun cas, à peine de nullité, et même des dommages et intérêts des parties, s'il y a lieu, accorder des défenses ni surseoir à l'exécution des jugements des tribunaux de commerce, quand même ils seraient attaqués d'incompétence ; mais elles pourront, suivant l'exigence des cas, accorder la permission de citer extraordinairement à jour et à heure fixes, pour plaider sur l'appel. — C. 1149, 1382. — Pr. 126, 128, 439, 1404, 59, 460, 505.

648. Les appels des jugements des tribunaux de commerce seront instruits et jugés dans les cours, comme appels de jugements rendus en matière sommaire. La procédure, jusques et y compris l'arrêt définitif, sera conforme à celle qui est prescrite, pour les causes d'appel en matière civile, au livre III de la première partie du Code de procédure civile. — Pr. 404 et s., 443 et s., 463 et s.

ANNEXE

---

14 juin 1865. — *LOI concernant les chèques.*

ART. **1er**. Le chèque est l'écrit qui, sous la forme d'un mandat de paiement, sert au tireur à effectuer le retrait, à son profit ou au profit d'un tiers, de tout ou partie de fonds portés au crédit de son compte chez le tiré et disponibles. — Il est signé par le tireur et porte la date du jour où il est tiré. — Il ne peut être tiré qu'à vue. — Il peut être souscrit au porteur ou au profit d'une personne dénommée. — Il peut être souscrit à ordre et transmis même par voie d'endossement en blanc. — L. 19 fév. 1874, art. 5.

2. Le chèque ne peut être tiré que sur un tiers ayant provision préalable ; il est payable à présentation.

3. Le chèque peut être tiré d'un lieu sur un autre ou sur la même place.

4. L'émission d'un chèque, même lorsqu'il est tiré d'un lieu sur un autre, ne constitue pas, par sa nature, un acte de commerce. — Toutefois, les dispositions du Code de commerce, relatives à la garantie solidaire du tireur et des endosseurs, au protêt et à l'exercice de l'action en garantie, en matière de lettres de change, sont applicables aux chèques.

5. Le porteur d'un chèque doit en réclamer le paiement dans le délai de cinq jours, y compris le jour de la date, si le chèque est tiré de la place sur laquelle il est payable, et dans le délai de huit jours, y compris le jours de la date, s'il est tiré d'un autre lieu. — Le porteur d'un chèque qui n'en réclame pas le paiement dans les délais ci-dessus perd son recours contre les endosseurs ; il perd aussi son recours contre le tireur, si la provision a péri par le fait du tiré, après lesdits délais.

6. *Abrogé*, V. L. 19 février 1874.

7. V. LL. 23 août 1871, art. 18 ; 19 février 1874, art. 8.

24 juillet 1867. — *LOI sur les sociétés* (V. L. 1er août 1893).

TITRE 1er. — DES SOCIÉTÉS EN COMMANDITE PAR ACTIONS.

ART. **1er**. Les sociétés en commandite ne peuvent diviser leur capital en actions ou coupons d'actions de moins de 100 francs, lorsque ce capital n'excède pas 200,000 francs, et de moins de 500 francs, lorsqu'il est supérieur (1). — Elles ne peuvent être définitivement constituées qu'après la souscription de la totalité du

(1) *Mod.*, L. 1er août 1893.

capital social et le versement, par chaque actionnaire, du *quart au moins du montant* des actions par lui souscrites (1). — Cette souscription et ces versements sont constatés par une déclaration du gérant dans un acte notarié. — A cette déclaration sont annexés la liste des souscripteurs, l'état des versements effectués, l'un des doubles de l'acte de société, s'il est sous seing privé, et une expédition, s'il est notarié et s'il a été passé devant un notaire autre que celui qui a reçu la *déclaration*. — L'acte *sous seing privé, quel que soit* le nombre des associés, sera fait en double original, dont l'un sera annexé, comme il est dit au paragraphe qui précède, à la déclaration de souscription du capital et de versement du quart, et l'autre restera déposé au siège social.

2. Les actions ou coupons d'actions sont négociables après le versement du quart.

3. (1) Il peut être stipulé, mais seulement par les statuts constitutifs de la société, que les actions ou coupons d'actions pourront, après avoir été libérés de moitié, être convertis en actions au porteur, par délibération de l'assemblée générale. — Soit que les actions restent nominatives après cette délibération, soit qu'elles aient été converties en actions au porteur, les souscripteurs primitifs qui ont aliéné les actions et ceux auxquels ils les ont cédées avant le versement de moitié restent tenus au paiement du montant de leurs actions pendant un délai de deux ans, à partir de la délibération de l'assemblée générale.

4. Lorsqu'un associé fait un apport qui ne consiste pas en numéraire, ou stipule à son profit des avantages particuliers, la première assemblée générale fait apprécier la valeur de l'apport ou la cause des avantages stipulés. — La société n'est définitivement constituée qu'après l'approbation de l'apport ou des avantages, donnée par une autre assemblée générale, après une nouvelle convocation. — La seconde assemblée générale ne pourra statuer sur l'approbation de l'apport ou des avantages qu'après un rapport qui sera imprimé et tenu à la disposition des actionnaires, cinq jours au moins avant la réunion de cette assemblée. — Les délibérations sont prises par la majorité des actionnaires présents. Cette majorité doit comprendre le quart des actionnaires et représenter le quart du capital social en numéraire. — Les associés qui ont fait l'apport ou stipulé des avantages particuliers soumis à l'appréciation de l'assemblée n'ont pas voix délibérative. — A défaut d'approbation, la société reste sans effet à l'égard de toutes les parties. — L'approbation ne fait pas obstacle à l'exercice ultérieur de l'action qui peut être intentée pour cause de dol ou de fraude. — Les dispositions du présent article relatives à la vérification de l'apport qui ne consiste pas en numéraire ne sont pas applicables au cas où la société à laquelle est fait ledit apport est formée entre ceux seulement qui en étaient propriétaires par indivis.

5. Un conseil de surveillance, composé de trois actionnaires au moins, est établi dans chaque société en commandite par actions. — Ce conseil est nommé par l'assemblée générale des actionnaires immédiatement après la constitution définitive de la société et avant toute opération sociale. — Il est soumis à la réélection aux époques et suivant les conditions déterminées par les statuts. — Toutefois, le premier conseil n'est nommé que pour une année.

6. Ce premier conseil doit, immédiatement après sa nomination, vérifier si toutes les dispositions contenues dans les articles qui précèdent ont été observées.

(1) *Mod.*, L. 1er août 1893.

7. Est nulle et de nul effet à l'égard des intéressés toute société en commandite par actions constituée contrairement aux prescriptions des articles 1er, 2, 3, 4 et 5 de la présente loi. — Cette nullité ne peut être opposée aux tiers par les associés.

8. Lorsque la société est annulée, aux termes de l'article précédent, les membres du premier conseil de surveillance peuvent être déclarés responsables, avec le gérant, du dommage résultant, pour la société ou pour les tiers, de l'annulation de la société. — La même responsabilité peut être prononcée contre ceux des associés dont les apports ou les avantages n'auraient pas été vérifiés et approuvés conformément à l'article 4 ci-dessus (1).

9. Les membres du conseil de surveillance n'encourent aucune responsabilité en raison des actes de la gestion et de leurs résultats. — Chaque membre du conseil de surveillance est responsable de ses fautes personnelles dans l'exécution de son mandat, conformément aux règles du droit commun.

10. Les membres du conseil de surveillance vérifient les livres, la caisse, le portefeuille et les valeurs de la société. — Ils font, chaque année, à l'assemblée générale un rapport dans lequel ils doivent signaler les irrégularités et inexactitudes qu'ils ont reconnues dans les inventaires, et constater, s'il y a lieu, les motifs qui s'opposent aux distributions des dividendes proposés par le gérant. — Aucune répétition de dividendes ne peut être exercée contre les actionnaires, si ce n'est dans le cas où la distribution en aura été faite en l'absence de tout inventaire ou en dehors des résultats constatés par l'inventaire. — L'action en répétition, dans le cas où elle est ouverte, se prescrit par cinq ans à partir du jour fixé pour la distribution des dividendes. — Les prescriptions commencées à l'époque de la promulgation de la présente loi pour lesquelles il faudrait encore, suivant les lois anciennes, plus de cinq ans, à partir de la même époque, seront accomplies par ce laps de temps.

11. Le conseil de surveillance peut convoquer l'assemblée générale et, conformément à son avis, provoquer la dissolution de la société.

12. Quinze jours au moins avant la réunion de l'assemblée générale, tout actionnaire peut prendre par lui ou par un fondé de pouvoir, au siège social, communication du bilan, des inventaires et du rapport du conseil de surveillance.

13. L'émission d'actions ou de coupons d'actions d'une société constituée contrairement aux prescriptions des articles 1er, 2 et 3 de la présente loi, est punie d'une amende de 500 à 10,000 francs. — Sont punis de la même peine : — Le gérant qui commence les opérations sociales avant l'entrée en fonctions du conseil de surveillance; — Ceux qui, en se présentant comme propriétaires d'actions ou de coupons d'actions qui ne leur appartiennent pas, ont créé frauduleusement une majorité factice dans une assemblée générale, sans préjudice de tous dommages-intérêts, s'il y a lieu, envers la société ou envers les tiers; — Ceux qui ont remis les actions pour en faire l'usage frauduleux. — Dans les cas prévus par les deux paragraphes précédents, la peine de l'emprisonnement de quinze jours à six mois peut, en outre, être prononcée.

14. La négociation d'actions ou de coupons d'actions dont la valeur ou la forme serait contraire aux dispositions des articles 1er, 2 et 3 de la présente loi, ou pour lesquels le versement du quart n'aurait pas été effectué conformément à l'article 2 ci-dessus, est

(1) Cet article a été complété par la loi du 1er août 1893.

punie d'une amende de 500 à 10,000 francs. — Sont punies de la même peine toute participation à ces négociations et toute publication de la valeur desdites actions.

15. Sont punis des peines portées par l'article 405 du Code pénal, sans préjudice de l'application de cet article à tous les faits constitutifs du délit d'escroquerie : — 1° Ceux qui, par simulation de souscriptions ou de versements, ou par publication, faite de mauvaise foi, de souscriptions ou de versements qui n'existent pas, ou de tous autres faits faux, ont obtenu ou tenté d'obtenir des souscriptions ou des versements ; — 2° Ceux qui, pour provoquer des souscriptions ou des versements, ont publié de mauvaise foi, les noms de personnes désignées, contrairement à la vérité, comme étant ou devant être attachées à la société à un titre quelconque ; — 3° Les gérants qui, en l'absence d'inventaires ou au moyen d'inventaires frauduleux, ont opéré entre les actionnaires la répartition de dividendes fictifs. — Les membres du conseil de surveillance ne sont pas civilement responsables des délits commis par le gérant.

16. L'article 463 du Code pénal est applicable aux faits prévus par les trois articles qui précèdent.

17. Des actionnaires représentant le vingtième au moins du capital social peuvent, dans un intérêt commun, charger à leurs frais un ou plusieurs mandataires de soutenir, tant en demandant qu'en défendant, une action contre les gérants ou contre les membres du conseil de surveillance, et de les représenter, en ce cas, en justice, sans préjudice de l'action que chaque actionnaire peut intenter individuellement en son nom personnel.

18. Les sociétés antérieures à la loi du 17 juillet 1856, et qui ne se seraient pas conformées à l'article 15 de cette loi, seront tenues, dans un délai de six mois, de constituer un conseil de surveillance, conformément aux dispositions qui précèdent. — A défaut de constitution du conseil de surveillance dans le délai ci-dessus fixé, chaque actionnaire a le droit de faire prononcer la dissolution de la société.

19. Les sociétés en commandite par actions antérieures à la présente loi, dont les statuts permettent la transformation en société anonyme autorisée par le gouvernement, pourront se convertir en société anonyme dans les termes déterminés par le titre II de la présente loi, en se conformant aux conditions stipulées dans les statuts pour la tranformation.

20. Est abrogée la loi du 17 juillet 1856.

TITRE II. — DES SOCIÉTÉS ANONYMES.

21. A l'avenir, les sociétés anonymes pourront se former sans l'autorisation du gouvernement. — Elles pourront, quel que soit le nombre des associés, être formées par un acte sous seing fait en double original. — Elles seront soumises aux dispositions des articles 29, 30, 32, 33, 34 et 36 du Code de commerce et aux dispositions contenues dans le présent titre.

22. Les sociétés anonymes sont administrées par un ou plusieurs mandataires à temps, révocables, salariés ou gratuits, pris parmi les associés. — Ces mandataires peuvent choisir parmi eux un directeur ou, si les statuts le permettent, se substituer un mandataire étranger à la société et dont ils sont responsables envers elle.

23. La société ne peut être constituée si le nombre des associés est inférieur à sept.

24. Les dispositions des articles 1er, 2, 3 et 4 de la présente loi sont applicables aux sociétés anonymes.

— La déclaration imposée au gérant par l'article 1er est faite par les fondateurs de la société anonyme ; elle est soumise, avec les pièces à l'appui, à la première assemblée générale, qui en vérifie la sincérité.

25. Une assemblée générale est, dans tous les cas, convoquée, à la diligence des fondateurs, postérieurement à l'acte qui constate la souscription du capital social et le versement du quart du capital, qui consiste en numéraire. Cette assemblée nomme les premiers administrateurs ; elle nomme également, pour la première année, les commissaires institués par l'article 32 ci-après. — Ces administrateurs ne peuvent être nommés pour plus de six ans ; ils sont rééligibles, sauf stipulation contraire. — Toutefois, ils peuvent être désignés par les statuts, avec stipulation formelle que leur nomination ne sera point soumise à l'approbation de l'assemblée générale. En ce cas, ils ne peuvent être nommés pour plus de trois ans. — Le procès-verbal de la séance constate l'acceptation des administrateurs et des commissaires présents à la réunion. — La société est constituée à partir de cette acceptation.

26. Les administrateurs doivent être propriétaires d'un nombre d'actions déterminé par les statuts. — Ces actions sont affectées en totalité à la garantie de tous les actes de la gestion, même de ceux qui seraient exclusivement personnels à l'un des administrateurs. — Elles sont nominatives, inaliénables, frappées d'un timbre indiquant l'inaliénabilité et déposées dans la caisse sociale.

27. Il est tenu, chaque année au moins, une assemblée générale à l'époque fixée par les statuts. Les statuts déterminent le nombre d'actions qu'il est nécessaire de posséder, soit à titre de propriétaire, soit à titre de mandataire, pour être admis dans l'assemblée, et le nombre de voix appartenant à chaque actionnaire, eu égard au nombre d'actions dont il est porteur (1). — Néanmoins, dans les assemblées générales appelées à vérifier les apports, à nommer les premiers administrateurs et à vérifier la sincérité de la déclaration des fondateurs de la société, prescrite par le deuxième paragraphe de l'article 24, tout actionnaire, quel que soit le nombre des actions dont il est porteur, peut prendre part aux délibérations avec le nombre de voix déterminé par les statuts, sans qu'il puisse être supérieur à dix.

28. Dans toutes les assemblées générales, les délibérations sont prises à la majorité des voix. — Il est tenu une feuille de présence ; elle contient les noms et domiciles des actionnaires et le nombre d'actions dont chacun d'eux est porteur. — Cette feuille, certifiée par le bureau de l'assemblée, est déposée au siège social et doit être communiquée à tout requérant.

29. Les assemblées générales qui ont à délibérer dans des cas autres que ceux qui sont prévus par les deux articles qui suivent doivent être composées d'un nombre d'actionnaires représentant le quart au moins du capital social. — Si l'assemblée générale ne réunit pas ce nombre, une nouvelle assemblée est convoquée dans les formes et avec les délais prescrits par les statuts, et elle délibère valablement, quelle que soit la portion du capital représenté par les actionnaires présents.

30. Les assemblées qui ont à délibérer sur la vérification des apports, sur la nomination des premiers administrateurs, sur la sincérité de la déclaration faite par les fondateurs aux termes du paragraphe 2 de l'article 24, doivent être composées d'un nombre d'actionnaires représentant la moitié au moins du capital

(1) Complété, L. 1er août 1893.

social. — Le capital social, dont la moitié doit être re-présentée pour la vérification de l'apport, se compose seulement des apports non soumis à vérification. — Si l'assemblée générale ne réunit pas un nombre d'actionnaires représentant la moitié du capital social, elle ne peut prendre qu'une délibération provisoire. Dans ce cas, une nouvelle assemblée générale est convoquée. Deux avis, publiés à huit jours d'intervalle, au moins un mois à l'avance, dans l'un des journaux désignés pour recevoir les annonces légales, font connaître aux actionnaires les résolutions provisoires adoptées par la première assemblée, et ces résolutions deviennent définitives si elles sont approuvées par la nouvelle assemblée, composée d'un nombre d'actionnaires représentant le cinquième au moins du capital social.

31. Les assemblées qui ont à délibérer sur des modifications aux statuts ou sur des propositions de continuation de la société au delà du terme fixé pour sa durée, ou de dissolution avant ce terme, ne sont régulièrement constituées et ne délibèrent valablement qu'autant qu'elles sont composées d'un nombre d'actionnaires représentant la moitié au moins du capital social.

32. L'assemblée générale annuelle désigne un ou plusieurs commissaires, associés ou non, chargés de faire un rapport à l'assemblée générale de l'année suivante sur la situation de la société, sur le bilan et sur les comptes présentés par les administrateurs. — La délibération contenant approbation du bilan et des comptes est nulle, si elle n'a été précédée du rapport des commissaires. — A défaut de nomination des commissaires par l'assemblée générale, ou en cas d'empêchement ou de refus d'un ou de plusieurs des commissaires nommés, il est procédé à leur nomination ou à leur remplacement par ordonnance du président du tribunal de commerce du siège de la société, à la requête de tout intéressé, les administrateurs dûment appelés.

33. Pendant le trimestre qui précède l'époque fixée par les statuts pour la réunion de l'assemblée générale, les commissaires ont droit, toutes les fois qu'ils le jugent convenable dans l'intérêt social, de prendre communication des livres et d'examiner les opérations de la société. — Ils peuvent toujours, en cas d'urgence, convoquer l'assemblée générale.

34. Toute société anonyme doit dresser, chaque semestre, un état sommaire de sa situation active et passive. — Cet état est mis à la disposition des commissaires. — Il est, en outre, établi chaque année, conformément à l'article 9 du Code de commerce, un inventaire contenant l'indication des valeurs mobilières et immobilières et de toutes les dettes actives et passives de la société. — L'inventaire, le bilan et le compte des profits et pertes sont mis à la disposition des commissaires le quarantième jour, au plus tard, avant l'assemblée générale. Ils sont présentés à cette assemblée.

35 Quinze jours au moins avant la réunion de l'assemblée générale, tout actionnaire peut prendre, au siège social, communication de l'inventaire et de la liste des actionnaires, et se faire délivrer copie du bilan résumant l'inventaire et du rapport des commissaires.

36. Il est fait annuellement, sur les bénéfices nets, un prélèvement d'un vingtième au moins, affecté à la formation d'un fonds de réserve. — Ce prélèvement cesse d'être obligatoire lorsque le fonds de réserve a atteint le dixième du capital social.

37. En cas de perte des trois quarts du capital social, les administrateurs sont tenus de provoquer la réunion de l'assemblée générale de tous les actionnaires, à l'effet de statuer sur la question de savoir s'il y a lieu de prononcer la dissolution de la société. — La résolution de l'assemblée est, dans tous les cas, rendue publique. — A défaut par les administrateurs de réunir l'assemblée générale, comme dans le cas où cette assemblée n'aurait pu se constituer régulièrement, tout intéressé peut demander la dissolution de la société devant les tribunaux.

38. La dissolution peut être prononcée sur la demande de toute partie intéressée, lorsqu'un an s'est écoulé depuis l'époque où le nombre des associés est réduit à moins de sept.

39. L'article 17 est applicable aux sociétés anonymes.

40. Il est interdit aux administrateurs de prendre ou de conserver un intérêt direct ou indirect dans une entreprise ou dans un marché fait avec la société ou pour son compte, à moins qu'ils n'y soient autorisés par l'assemblée générale. — Il est, chaque année, rendu à l'assemblée générale un compte spécial de l'exécution des marchés ou entreprises par elle autorisés aux termes du paragraphe précédent.

41. Est nulle et de nul effet à l'égard des intéressés toute société anonyme pour laquelle n'ont pas été observées les dispositions des articles 22, 23, 24 et 25 ci-dessus.

42. Lorsque la nullité de la société ou des actes et délibérations a été prononcée au terme de l'article précédent, les fondateurs auxquels la nullité est imputable et les administrateurs en fonctions au moment où elle a été encourue sont responsables solidairement, envers les tiers, sans préjudice des droits des actionnaires. — La même responsabilité solidaire peut être prononcée contre ceux des associés dont les apports ou les avantages n'auraient pas été vérifiés et approuvés conformément à l'article 24 (1).

43. L'étendue et les effets de la responsabilité des commissaires envers la société sont déterminés d'après les règles générales du mandat.

44. Les administrateurs sont responsables, conformément aux règles du droit commun, individuellement ou solidairement, suivant les cas, envers la société ou envers les tiers, soit des infractions aux dispositions de la présente loi, soit des fautes qu'ils auraient commises dans leur gestion, notamment en distribuant ou en laissant distribuer sans opposition des dividendes fictifs.

45. Les dispositions des articles 13, 14, 15 et 16 de la présente loi sont applicables en matière de sociétés anonymes, sans distinction entre celles qui sont actuellement existantes et celles qui se constitueront sous l'empire de la présente loi. Les administrateurs qui, en l'absence d'inventaire ou au moyen d'inventaire frauduleux, auront opéré des dividendes fictifs, seront punis de la peine qui est prononcée dans ce cas par le n° 3 de l'article 15 contre les gérants des sociétés en commandite. — Sont également applicables en matière de sociétés anonymes les dispositions des trois derniers paragraphes de l'article 10.

46. Les sociétés anonymes actuellement existantes continueront à être soumises, pendant toute leur durée, aux dispositions qui les régissent. — Elles pourront se transformer en sociétés anonymes dans les termes de la présente loi, en obtenant l'autorisation du gouvernement et en observant les formes prescrites pour la modification de leurs statuts.

47. Les sociétés à responsabilité limitée pourront se

(1) *Mod. et complété*, L. 1er août 1893, art. 5.

convertir en sociétés anonymes dans les termes de la présente loi, en se conformant aux conditions stipulées pour la modification de leurs statuts. — Sont abrogés les articles 31, 37 et 40 du Code de commerce et la loi du 23 mai 1863, sur les sociétés à responsabilité limitée.

TITRE III. — DISPOSITIONS PARTICULIÈRES AUX SOCIÉTÉS
A CAPITAL VARIABLE.

48. Il peut être stipulé, dans les statuts de toute société, que le capital social sera susceptible d'augmentation par des versements successifs faits par les associés ou l'admission d'associés nouveaux, et de diminution par la reprise totale ou partielle des apports effectués. — Les sociétés dont les statuts contiendront la stipulation ci-dessus seront soumises, indépendamment des règles générales qui leur sont propres suivant leur forme spéciale, aux dispositions des articles suivants.

49. Le capital social ne pourra être porté par les statuts constitutifs de la société au-dessus de la somme de 200,000 francs. — Il pourra être augmenté par des délibérations de l'assemblée générale, prises d'année en année: chacune des augmentations ne pourra être supérieure à 200,000 francs.

50. Les actions ou coupons d'actions seront nominatifs, même après leur entière libération ; ils ne pourront être inférieurs à 50 francs. — Ils ne seront négociables qu'après la constitution définitive de la société. — La négociation ne pourra avoir lieu que par voie de transfert sur les registres de la société, et les statuts pourront donner, soit au conseil d'administration, soit à l'assemblée générale, le droit de s'opposer au transfert.

51. Les statuts détermineront une somme au-dessous de laquelle le capital ne pourra être réduit par les reprises des apports autorisées par l'article 48. — Cette somme ne pourra être inférieure au dixième du capital social. — La société ne sera définitivement constituée qu'après le versement du dixième (1).

52. Chaque associé pourra se retirer de la société lorsqu'il le jugera convenable, à moins de conventions contraires et sauf l'application du paragraphe 1er de l'article précédent. — Il pourra être stipulé que l'assemblée générale aura le droit de décider, à la majorité fixée pour la modification des statuts, que l'un ou plusieurs des associés cesseront de faire partie de la société. — L'associé qui cessera de faire partie de la société, soit par l'effet de sa volonté, soit par suite de décision de l'assemblée générale, restera tenu, pendant cinq ans, envers les associés et envers les tiers, de toutes les obligations existant au moment de sa retraite.

53. La société, quelle que soit sa forme, sera valablement représentée en justice par ses administrateurs.

54. La société ne sera point dissoute par la mort, la retraite, l'interdiction, la faillite ou la déconfiture de l'un des associés; elle continuera de plein droit entre les autres associés.

TITRE IV. — DISPOSITIONS RELATIVES A LA PUBLICATION
DES ACTES DE SOCIÉTÉ.

55. Dans le mois de la constitution de toute société commerciale, un double de l'acte constitutif, s'il est sous seing privé, ou une expédition, s'il est notarié,

(1) Mod., L. 1er août 1893, art. 5.

est déposé aux greffes de la justice de paix et du tribunal de commerce du lieu dans lequel est établie la société. — A l'acte constitutif des sociétés en commandite par actions et des sociétés anonymes sont annexées : 1° une expédition de l'acte notarié constatant la souscription du capital social et le versement du quart; 2° une copie certifiée des délibérations prises par l'assemblée générale dans les cas prévus par les articles 4 et 24. — En outre, lorsque la société est anonyme, on doit annexer à l'acte constitutif la liste nominative, dûment certifiée, des souscripteurs, contenant les nom, prénoms, qualités, demeure et le nombre d'actions de chacun d'eux.

56. Dans le même délai d'un mois, un extrait de l'acte constitutif et des pièces annexées est publié dans l'un des journaux désignés pour recevoir les annonces légales. — Il sera justifié de l'insertion par un exemplaire du journal certifié par l'imprimeur, légalisé par le maire et enregistré dans les trois mois de sa date. — Les formalités prescrites par l'article précédent et par le présent article seront observées, à peine de nullité, à l'égard des intéressés; mais le défaut d'aucune d'elles ne pourra être opposé aux tiers par les associés.

57. L'extrait doit contenir les noms des associés autres que les actionnaires ou commanditaires, la raison de commerce ou la dénomination adoptée par la société et l'indication du siège social; la désignation des associés autorisés à gérer, administrer et signer pour la société; le montant du capital social et le montant des valeurs fournies ou à fournir par les actionnaires ou commanditaires; l'époque où la société commence, celle où elle doit finir, et la date du dépôt fait aux greffes de la justice de paix et du tribunal de commerce.

58. L'extrait doit énoncer que la société est en nom collectif ou en commandite simple, ou en commandite par actions, ou anonyme, ou à capital variable. — Si la société est anonyme, l'extrait doit énoncer le montant du capital social en numéraire et en autres objets, la quotité à prélever sur les bénéfices pour composer le fonds de réserve. — Enfin, si la société est à capital variable, l'extrait doit contenir l'indication de la somme au-dessous de laquelle le capital social ne peut être réduit.

59. Si la société a plusieurs maisons de commerce situées dans divers arrondissements, le dépôt prescrit par l'article 55 et la publication prescrite par l'article 56 ont lieu dans chacun des arrondissements où existent les maisons de commerce. — Dans les villes divisées en plusieurs arrondissements, le dépôt sera fait seulement au greffe de la justice de paix du principal établissement.

60. L'extrait des actes et pièces déposés est signé, pour les actes publics, par le notaire, et pour les actes sous seing privé, par les associés en nom collectif, par les gérants des sociétés en commandite ou par les administrateurs des sociétés anonymes.

61. Sont soumis aux formalités et aux pénalités prescrites par les articles 55 et 56 : — Tous actes et délibérations ayant pour objet la modification des statuts, la continuation de la société au delà du terme fixé pour sa durée, la dissolution avant ce terme et le mode de liquidation, tout changement ou retraite d'associés et tout changement à la raison sociale. — Sont également soumises aux dispositions des articles 55 et 56 les délibérations prises dans les cas prévus par les articles 19, 37, 46, 47 et 49 ci-dessus.

62. Ne sont pas assujettis aux formalités de dépôt et de publication les actes constatant les augmentations ou les diminutions du capital social opérées dans les termes de l'article 48, ou les retraites d'associés, autres que les gérants ou administrateurs, qui auraient lieu conformément à l'article 52.

63. Lorsqu'il s'agit d'une société en commandite par actions ou d'une société anonyme, toute personne a le droit de prendre communication des pièces déposées aux greffes de la justice de paix et du tribunal de commerce, ou même de s'en faire délivrer à ses frais expédition ou extrait par le greffier ou par le notaire détenteur de la minute. — Toute personne peut également exiger qu'il lui soit délivré au siège de la société une copie certifiée des statuts, moyennant paiement d'une somme qui ne pourra excéder un franc. — Enfin, les pièces déposées doivent être affichées d'une manière apparente dans les bureaux de la société.

64. Dans tous les actes, factures, annonces, publications et autres documents *imprimés* ou *autographiés*, émanés des sociétés anonymes ou des sociétés en commandite par actions, la dénomination sociale doit toujours être précédée ou suivie immédiatement de ces mots écrits lisiblement en toutes lettres : *Société anonyme*, ou *Société en commandite par actions*, et de l'énonciation du montant du capital social. — Si la société a usé de la faculté accordée par l'article 48, cette circonstance doit être mentionnée par l'addition de ces mots : *à capital variable*. — Toute contravention aux dispositions qui précèdent est punie d'une amende de 50 francs à 1,000 francs.

65. Sont abrogées les dispositions des articles 42, 43, 44, 45 et 46 du Code de commerce.

TITRE V. — DES TONTINES ET DES SOCIÉTÉS D'ASSURANCES.

66. Les associations de la nature des tontines et les sociétés d'assurance sur la vie, mutuelles ou à primes, restent soumises à l'autorisation et à la surveillance du gouvernement. — Les autres sociétés d'assurances pourront se former sans autorisation. Un règlement d'administration publique déterminera les conditions sous lesquelles elles pourront être constituées. — V. D. 22 janv. 1868.

67. Les sociétés d'assurances désignées dans le paragraphe 2 de l'article précédent, qui existent actuellement, pourront se placer sous le régime qui sera établi par le règlement d'administration publique, sans l'autorisation du gouvernement, en observant les formes et les conditions prescrites pour la modification de leurs statuts (1).

---

4 mars 1889. — LOI *portant modification à la législation des faillites.*

Art. 1er. — V. Co., art. 437.

2. La liquidation judiciaire ne peut être ordonnée que sur la requête présentée par le débiteur au tribunal de commerce de son domicile, dans les quinze jours de la cessation de ses paiements. Le droit de demander cette liquidation appartient au débiteur assigné en déclaration de faillite pendant cette période. — La requête est accompagnée du bilan et d'une liste indiquant le nom et le domicile de tous les créanciers. — Peuvent être admis au bénéfice de la liquidation

(1) La loi du 1er août 1893 a ajouté à la loi de 1867 de nouveaux articles : 68, 69, 70, 71.

judiciaire de la succession de leur auteur, les héritiers qui en font la demande dans le mois du décès de ce dernier décédé dans la quinzaine de la cessation de ses paiements, s'ils justifient de leur acceptation pure et simple ou bénéficiaire.

3. En cas de cessation de paiements d'une société en nom collectif ou en commandite, la requête contient le nom et l'indication du domicile de chacun des associés solidaires, et elle est signée par celui ou ceux des associés ayant la signature sociale. — En cas de cessation de paiements d'une société anonyme, la requête est signée par le directeur ou l'administrateur qui en remplit les fonctions. — Dans tous les cas, elle est déposée au greffe du tribunal dans le ressort duquel se trouve le siège social. A défaut de siège social en France, le dépôt est effectué au greffe du tribunal dans le ressort duquel la société a son principal établissement.

4. Le jugement qui statue sur une demande d'admission à la liquidation judiciaire est délibéré en chambre du conseil et rendu en audience publique. Le débiteur doit être entendu en personne, à moins d'excuses reconnues valables par le tribunal. Si la requête est admise, le jugement nomme un des membres du tribunal juge-commissaire et un ou plusieurs liquidateurs provisoires. Ces derniers, qui sont immédiatement prévenus par le greffier, arrêtent et signent les livres du débiteur dans les vingt-quatre heures de leur nomination, et procèdent avec celui-ci à l'inventaire. Ils sont tenus dans le même délai de requérir les inscriptions d'hypothèques mentionnées en l'art. 490 du Code de commerce. — Dans le cas où une société est déclarée en état de liquidation judiciaire, s'il a été nommé antérieurement un liquidateur, celui-ci représentera la société dans les opérations de la liquidation judiciaire. Il rendra compte de sa gestion à la première réunion des créanciers. Toutefois, il pourra être nommé liquidateur provisoire. — Le jugement qui déclare ouverte la liquidation judiciaire est publié conformément à l'art. 442 du Code de commerce. Il n'est susceptible d'aucun recours et ne peut être attaqué par voie de tierce opposition. Cependant, si le tribunal est saisi en même temps d'une requête en admission au bénéfice de la liquidation judiciaire et d'une assignation en déclaration de faillite, il statue sur le tout par un seul et même jugement rendu dans la forme ordinaire, exécutoire par provision, et susceptible d'appel dans tous les cas.

5 (1). A partir du jugement qui déclare ouverte la liquidation judiciaire, toute action mobilière ou immobilière et toute voie d'exécution, tant sur les meubles que sur les immeubles, doivent être intentées ou suivies à la fois contre les liquidateurs et le débiteur. — Il ne peut être pris sur les biens de ce dernier d'autres inscriptions que celles mentionnées en l'art. 4, et les créanciers ne peuvent poursuivre l'expropriation des immeubles sur lesquels ils n'ont pas d'hypothèque. De son côté, le débiteur ne peut contracter aucune nouvelle dette, ni aliéner tout ou partie de son actif, sauf dans les cas qui sont énumérés ci-après.

6. Le débiteur peut, avec l'assistance des liquidateurs, procéder au recouvrement des effets et créances exigibles, faire tous actes conservatoires, vendre les objets sujets à dépérissement ou à dépréciation imminente ou dispendieux à conserver, et intenter ou suivre toute action mobilière ou immobilière. Au refus du débiteur, il pourra être procédé par les liquidateurs seuls, avec l'autorisation du juge-commissaire. Toute-

(1) Le § 1er de l'art. 5 a été modifié. V. L. 4 avril 1890.

4

fois, s'il s'agit d'une action à intenter, cette autorisation ne sera pas demandée, mais les liquidateurs devront mettre le débiteur en cause. — Le débiteur peut aussi, avec l'assistance des liquidateurs et l'autorisation du juge-commissaire, continuer l'exploitation de son commerce ou de son industrie. — L'ordonnance du juge-commissaire qui autorise la continuation de l'exploitation est exécutoire par provision, et peut être déférée, par toute partie intéressée, au tribunal de commerce. — Les fonds provenant des recouvrements et ventes sont remis aux liquidateurs, qui les versent à la caisse des dépôts et consignations.

7. Le débiteur peut, après l'avis des contrôleurs qui auraient été désignés conformément à l'article 9, avec l'assistance des liquidateurs et l'autorisation du juge-commissaire, accomplir tous les actes de désistement, de renonciation ou d'acquiescement.— Il peut, sous les mêmes conditions, transiger sur tout litige dont la valeur n'excède pas quinze cents francs. Si l'objet de la transaction est d'une valeur indéterminée ou excédant quinze cents francs, la transaction n'est obligatoire qu'après avoir été homologuée dans les termes de l'art. 487 du Code de commerce. — L'article 1er de la loi du 11 avril 1858, sur les tribunaux civils de première-instance, est applicable à la détermination de la valeur des immeubles sur lesquels a porté la transaction.

8. Le jugement qui déclare ouverte la liquidation judiciaire rend exigibles, à l'égard du débiteur, les dettes passives non échues; il arrête, à l'égard de la masse seulement, le cours des intérêts de toute créance non garantie par un privilège, par un nantissement ou par une hypothèque. — Les intérêts des créances garanties ne peuvent être réclamés que sur les sommes provenant des biens affectés au privilège, à l'hypothèque ou au nantissement.

9. Dans les trois jours du jugement, le greffier informe les créanciers, par lettres et par insertions dans les journaux, de l'ouverture de la liquidation judiciaire et les convoque à se réunir, dans un délai qui ne peut excéder quinze jours, dans une des salles du tribunal, pour examiner la situation du débiteur. Le jour de la réunion est fixé par le juge-commissaire. — Au jour indiqué, le débiteur, assisté des liquidateurs provisoires, présente un état de situation qu'il signe et certifie sincère et véritable et qui contient l'énumération et l'évaluation de tous ses biens mobiliers et immobiliers, le montant des dettes actives et passives, le tableau des profits et pertes et celui des dépenses. — Les créanciers donnent leur avis sur la nomination des liquidateurs définitifs. Ils sont consultés par le juge-commissaire sur l'utilité d'élire immédiatement parmi eux un ou deux contrôleurs.— Ces contrôleurs peuvent être élus à tout période de la liquidation, s'ils ne l'ont été dans cette première assemblée.— Il est dressé de cette réunion et des dires et observations des créanciers un procès-verbal portant fixation par le juge-commissaire, dans un délai de quinzaine, de la date de la première assemblée de vérification des créances. — Ce procès-verbal est signé par le juge-commissaire et par le greffier. Sur le vu de cette pièce et le rapport du juge-commissaire, le tribunal nomme des liquidateurs définitifs.

10. Les contrôleurs sont spécialement chargés de vérifier les livres et l'état de situation présenté par le débiteur et de surveiller les opérations des liquidateurs; ils ont toujours le droit de demander compte de l'état de la liquidation judiciaire, des recettes effectuées et des versements faits. — Les liquidateurs sont tenus de prendre leur avis sur les actions à intenter ou à suivre. — Les fonctions de contrôleurs sont gratuites.

Ils ne peuvent être révoqués que par le tribunal de commerce, sur l'avis conforme de la majorité des créanciers et la proposition du juge-commissaire. Il ne peuvent être déclarés responsables qu'en cas de faute lourde et personnelle. — Les liquidateurs peuvent recevoir, quelle que soit leur qualité, une indemnité qui est taxée par le juge-commissaire.

11. A partir du jugement d'ouverture de la liquidation judiciaire, les créanciers pourront remettre leurs titres, soit au greffe, soit entre les mains des liquidateurs. En faisant cette remise, chaque créancier sera tenu d'y joindre un bordereau énonçant ses nom et prénoms, profession et domicile, le montant et les causes de sa créance, les privilèges, hypothèques ou gages qui y sont affectés.— Cette remise n'est astreinte à aucune forme spéciale. — Le greffier tient état des titres et bordereaux qui lui sont remis et en donne récépissé. Il n'est responsable des titres que pendant cinq années à partir du jour de l'ouverture du procès-verbal de vérification. — Les liquidateurs sont responsables des titres, livres et papiers qui leur ont été remis, pendant dix ans, à partir du jour de la reddition de leurs comptes.

12. Après la réunion dont il est parlé en l'art. 9, ou le lendemain au plus tard, les créanciers sont convoqués en la forme prévue par le même article pour la première assemblée de vérification. Les lettres de convocation et les insertions dans les journaux portent que ceux d'entre eux qui n'auraient pas fait à ce moment la remise des titres et bordereaux mentionnés en l'art. 11 doivent faire cette remise, de la manière indiquée audit article, dans le délai fixé pour la réunion de l'assemblée de vérification. Ce délai peut être augmenté, par ordonnance du juge-commissaire, à l'égard des créanciers domiciliés hors du territoire continental de la France. — La vérification et l'affirmation des créances ont lieu dans la même réunion et dans les formes prescrites par le Code de commerce en tout ce qui n'est pas contraire à la présente loi.

13. Le lendemain des opérations de la première assemblée de vérification, il est adressé, en la forme prescrite en l'art. 9, une convocation à tous les créanciers, invitant ceux qui n'ont pas produit à faire leur production. — Les créanciers sont prévenus que l'assemblée de vérification à laquelle ils sont convoqués sera la dernière. Cette assemblée a lieu quinze jours après la première. — Si des lettres de change ou des billets à ordre souscrits ou endossés par le débiteur et non échus au moment de cette dernière assemblée sont en circulation, les liquidateurs pourront obtenir du juge-commissaire la convocation d'une nouvelle assemblée de vérification.

14. Le lendemain de la dernière assemblée, dans laquelle le juge-commissaire prononce la clôture de la vérification, tous les créanciers vérifiés, ou admis par provision, sont invités, en la forme prescrite par l'art. 9, à se réunir pour entendre les propositions de concordat du débiteur et en délibérer. — Cette réunion a lieu quinze jours après la dernière assemblée de vérification. — Toutefois, en cas de contestation sur l'admission d'une ou plusieurs créances, le tribunal de commerce peut augmenter ce délai sans qu'il soit dérogé, pour le surplus, aux dispositions des articles 499 et 500 du Code de commerce.

15. Le traité entre les créanciers et le débiteur ne peut s'établir que s'il est consenti par la majorité de tous les créanciers vérifiés et affirmés ou admis par provision, représentant en outre les deux tiers de la totalité des créances vérifiées et affirmées ou admises par provision. Le tout à peine de nullité. — Si le con-

cordat est homologué, le tribunal déclare la liquidation judiciaire terminée. *Lorsque le concordat contient abandon d'un actif à réaliser, les créanciers sont consultés sur le maintien ou le remplacement des liquidateurs et des contrôleurs. Le tribunal statue sur le maintien ou le remplacement des liquidateurs. Les opérations de réalisation et de répartition de l'actif abandonné se suivent conformément aux dispositions de l'art.* 541 du Code de commerce. — Dans la dernière assemblée, les liquidateurs donnent connaissance de l'état de leurs frais et indemnités taxés par le juge-commissaire. Cet état est déposé au greffe. Le débiteur et les créanciers peuvent former opposition à la taxe dans la huitaine. Il est statué par le tribunal en chambre du conseil. — Dans tous les cas où il y a lieu à reddition de comptes par les liquidateurs, la disposition du paragraphe précédent est applicable.

16. Sont nuls et sans effet, tant à l'égard des parties intéressées qu'à l'égard des tiers, tous traités ou concordats qui, après l'ouverture de la liquidation judiciaire, n'auraient pas été souscrits dans les formes ci-dessus prescrites.

17. Les prescriptions du décret du 18 juin 1880, contenant le tarif des droits et émoluments que les greffiers des tribunaux de commerce sont autorisés à percevoir, sont applicables au cas de liquidation judiciaire comme au cas de faillite.

18. La notification à faire, s'il y a lieu, au propriétaire dans les termes de l'article 450 du Code de commerce, est faite par le débiteur et les liquidateurs avec l'autorisation du juge-commissaire, les contrôleurs entendus. Ils ont, pour cette notification, un délai de huit jours à partir de la première assemblée de vérification.

19. La faillite d'un commerçant admis au bénéfice de la liquidation judiciaire peut être déclarée par *jugement du tribunal de commerce,* soit d'office, soit sur la poursuite des créanciers : — 1° S'il est reconnu que la requête à fin de liquidation judiciaire n'a pas été présentée dans les quinze jours de la cessation des paiements ; — 2° Si le débiteur n'obtient pas de concordat. Dans ce cas, si la faillite n'est pas déclarée, la liquidation judiciaire continue jusqu'à la réalisation et la répartition de l'actif, qui se feront conformément aux dispositions du deuxième alinéa de l'article 15 de la présente loi. Si la faillite est déclarée, il est procédé conformément aux articles 529 et suivants du Code de commerce. — Le tribunal déclare la faillite à toute période de la liquidation judiciaire : — 1° Si, depuis la cessation des paiements ou dans les dix jours précédents, le débiteur a consenti l'un des actes mentionnés dans les articles 446, 447, 448 et 449 du Code de commerce, mais dans le cas seulement où la nullité aura été prononcée par les tribunaux compétents ou reconnue par les parties ; — 2° Si le débiteur a dissimulé ou exagéré l'actif ou le passif, omis sciemment le nom d'un ou de plusieurs créanciers, ou commis une fraude quelconque, le tout sans préjudice des poursuites du ministère public ; — 3° Dans les cas d'annulation ou de résolution du concordat ; — 4° Si le débiteur en état de liquidation judiciaire a été condamné pour banqueroute simple ou frauduleuse. — Les opérations de la faillite sont suivies sur les derniers errements de la procédure de la liquidation.

20. V. Co., art. 437.

21. A partir du jugement d'ouverture de la liquidation judiciaire, le débiteur ne peut être nommé à aucune fonction élective ; s'il exerce une fonction de cette nature, il est réputé démissionnaire.

22. L'art. 549 du Code de commerce est modifié ainsi qu'il suit : — V. Co., art. 549.

23. Le premier paragraphe de l'art. 438 du Code de commerce et le n° 4 de l'énumération faite par l'art. 586 sont modifiés comme il suit : — V. Co. art. 438, § 1er, et 586, 4°.

24. V. Co., art. 437.

DISPOSITIONS TRANSITOIRES.

25. Le commerçant en état de cessation de paiements dont la faillite n'aura pas été déclarée, ou dont le jugement déclaratif de faillite ne sera pas devenu définitif à la date de la promulgation de la présente loi, pourra obtenir le bénéfice de la liquidation judiciaire. Cette faculté s'exercera devant la juridiction saisie. La requête devra, dans tous les cas, être présentée dans la quinzaine de la promulgation. — Les faillites déclarées antérieurement à cette promulgation continueront à être régies par les dispositions du Code de commerce ; sont toutefois applicables à ces faillites les dispositions de la présente loi concernant l'institution des contrôleurs. — Le jugement qui homologuera le concordat obtenu par le débiteur dont la faillite aura été déclarée antérieurement à la promulgation de la présente loi, ou qui déclarera celui-ci excusable, pourra décider que le failli ne sera soumis qu'aux incapacités édictées par l'art. 21 contre les débiteurs admis à la liquidation judiciaire. Cette disposition sera applicable à tout ancien failli qui aura obtenu son concordat et qui aura été déclaré excusable. Il devra saisir par requête le tribunal de commerce qui a déclaré sa faillite et produire son casier judiciaire. Cette requête sera affichée pendant quinze jours dans l'auditoire. Le tribunal statuera en chambre du conseil. Sa décision n'est susceptible d'aucun recours. — L'inscription sur les listes électorales pourra être faite, à la suite de ces formalités, jusqu'au 31 mars, date de la clôture des listes.

26. La présente loi est applicable aux colonies de la Guadeloupe, de la Martinique et de la Réunion.

———

4 avril 1890. — *LOI portant modification du paragraphe 1er de l'article 5 de la loi du 4 mars 1889 sur la législation des faillites.*

ARTICLE UNIQUE. A partir du jugement qui déclare ouverte la liquidation judiciaire, les actions mobilières ou immobilières et toutes voies d'exécution, tant sur les meubles que sur les immeubles, sont suspendues comme en matière de faillite. Celles qui subsistent doivent être intentées ou suivies à la fois contre les liquidateurs et le débiteur.

———

1er août 1893. — *LOI portant modification de la loi du 24 juillet 1867 sur les sociétés par actions.*

ART. 1er. Les paragraphes 1 et 2 de l'article 1er de la loi du 24 juillet 1867 sont modifiés comme suit : — « § 1er. Les sociétés en commandite ne peuvent diviser leur capital en actions ou coupures d'actions de moins de 25 fr. lorsque le capital n'excède pas 200,000 fr., de moins de 100 fr. lorsque le capital est supérieur à 200,000 fr. — § 2. Elles ne peuvent être définitivement constituées qu'après la souscription de la totalité du

capital et le versement en espèces, par chaque actionnaire, du montant des actions ou coupures d'actions
souscrites par lui, lorsqu'elles n'excèdent pas 25 fr.,
et du quart au moins des actions, lorsqu'elles sont de
100 fr. et au-dessus. »

2. L'art. 3 est modifié comme suit :

Art. 3. « Les actions sont nominatives jusqu'à leur
entière libération. Les actions représentant des apports
devront toujours être intégralement libérées au moment
de la constitution de la société. — Ces actions ne peuvent être détachées de la souche et ne sont négociables
que deux ans après la constitution définitive de la société. — Pendant ce temps, elles devront, à la diligence
des administrateurs, être frappées d'un timbre indiquant
leur nature et la date de cette constitution. — Les titu-
laires, les cessionnaires intermédiaires et les souscripteurs sont tenus solidairement du montant de l'action.
Tout souscripteur ou actionnaire qui a cédé son titre
cesse, deux ans après la cession, d'être responsable des
versements non encore appelés. »

3. A l'article 8 sont ajoutées les dispositions suivantes : — « L'action en nullité de la société ou des
actes et délibérations postérieurs à sa constitution n'est
plus recevable lorsque, avant l'introduction de la demande, la cause de nullité a cessé d'exister. L'action en
responsabilité, pour les faits dont la nullité résultait,
cesse également d'être recevable lorsque, avant l'introduction de la demande, la cause de nullité a cessé
d'exister, et en outre que trois ans se sont écoulés depuis le jour où la nullité était encourue. — Si, pour
couvrir la nullité, une assemblée générale devait être
convoquée, l'action en nullité ne sera plus recevable à
partir de la date de la convocation régulière de cette
assemblée. — Ces actions en nullité contre les actes
constitutifs des sociétés sont prescrites par dix ans. —
Cette prescription ne pourra, toutefois, être opposée
avant l'expiration des dix années qui suivent la promulgation de la présente loi. »

4. Au paragraphe 1er de l'art. 27 est ajouté ce qui
suit : — « Tous propriétaires d'un nombre d'actions
inférieur à celui déterminé pour être admis dans l'assemblée pourront se réunir pour former le nombre
nécessaire et se faire représenter par l'un d'eux. »

5. Dans le paragraphe 1er de l'article 42, aux mots :
« responsables solidairement envers les tiers, sans préjudice du droit des actionnaires », sont substitués les
termes suivants : « responsables solidairement envers
les tiers et les actionnaires du dommage résultant de
cette annulation ». — Au même article est ajouté le
paragraphe suivant : — « L'action en nullité et celle
en responsabilité en résultant sont soumises aux dispositions de l'art. 8 ci-dessus. »

6. Sont ajoutées à la loi les dispositions suivantes :

DISPOSITIONS DIVERSES.

Art. 68. « Quel que soit leur objet, les sociétés en
commandite ou anonymes qui seront constituées dans
les formes du Code de commerce ou de la présente loi
seront commerciales et soumises aux lois et usages du
commerce. »

Art. 69. « Il pourra être consenti hypothèque au
nom de toute société commerciale en vertu des pouvoirs résultant de son acte de formation, même sous
seing privé, ou des délibérations ou autorisations constatées dans les formes réglées par ledit acte. L'acte
d'hypothèque sera passé en forme authentique, conformément à l'art. 2127 du Code civil. »

Art. 70. « Dans les cas où les sociétés ont continué
à payer les intérêts ou dividendes des actions, obligations ou tous autres titres remboursables par suite
d'un tirage au sort, elles ne peuvent répéter ces
sommes lorsque le titre est présenté au remboursement. »

Art. 71. « Dans l'art. 50, paragraphe 1er, sont sup-
primés les mots : « ils ne pourront être inférieurs à
50 francs. »

DISPOSITIONS TRANSITOIRES.

7. Pour les sociétés par actions en commandite ou
anonymes déjà existantes, sans distinction entre celles
antérieures à la loi du 24 juillet 1867 et celles postérieures, il n'est pas dérogé à la faculté qu'elles peuvent
avoir de convertir leurs actions en titres au porteur
avant libération intégrale. — Quant aux actions nominatives des mêmes sociétés, les deux ans après lesquels tout souscripteur ou actionnaire qui a cédé son
titre cesse d'être responsable des versements non appelés ne courront, à l'égard des créanciers antérieurs
à la présente loi, qu'à partir de l'entrée en vigueur de
la loi, et sauf application de l'art. 2257 du Code civil
pour les créances conditionnelles ou à terme et les
actions en garantie. — Les dispositions de l'art. 8 et
celles de l'art. 42 s'appliquent aux sociétés déjà constituées sous l'empire de la loi du 24 juillet 1867. —
Dans les mêmes sociétés, l'action en nullité résultant
des art. 7 et 41 ne sera plus recevable si les causes de
nullité ont cessé d'exister au moment de la présente
loi. — En tous cas, l'action en responsabilité pour les
faits dont la nullité résultait ne cessera d'être recevable que trois ans après la présente loi. — Les sociétés civiles actuellement constituées sous d'autres
formes pourront, si leurs statuts ne s'y opposent pas,
se transformer en sociétés en commandite ou en sociétés anonymes par décision d'une assemblée générale
spécialement convoquée et réunissant les conditions
tant de l'acte social que de l'art. 31 ci-dessus. »

FIN.

BESANÇON. — IMP. OUTHENIN-CHALANDRE FILS ET Cie.

www.ingramcontent.com/pod-product-compliance
Lightning Source LLC
Chambersburg PA
CBHW070913210326
41521CB00010B/2166